Charles de Gaulle

Traits d'esprit

choisis
par
Marcel Jullian

Collection
« Les Pensées »

le cherche midi éditeur
23, rue du Cherche-Midi, 75006 Paris

Vous pouvez consulter notre catalogue général et l'annonce
de nos prochaines parutions sur notre site Internet :
http://www.cherche-midi.com

AVANT-PROPOS

Peu d'hommes ont inspiré autant de livres, de ferveur, de réflexion ou de colère que le général de Gaulle, disparu en 1970. Depuis la première édition de ces Pensées, *de nombreux témoignages ont parus, et la rumeur, nourrie de ses diverses contributions, a continué à étendre son empire. Aussi, avons-nous souhaité mettre à jour cet ouvrage en l'enrichissant considérablement et en le renouvelant à partir de cette nouvelle matière disponible.*

La documentation relative à Charles de Gaulle est plus vaste, complexe et multiforme que jamais. Il nous a semblé bon, honnêteté intellectuelle oblige, de différencier trois couches, de natures fort distinctes, dans ce gigantesque iceberg.

La première se compose des écrits du général lui-même, quasiment tous publiés à ce jour.

La deuxième couche est constituée de témoignages directs.

La dernière, enfin, s'attache à la rumeur, aux « on-dit », aux pensées de source incertaine. Si celles-ci ne font jamais preuve, elles sont néanmoins un reflet fort utile de l'esprit *public, dans le meilleur des cas,* de l'opinion *publique, au pire, vis-à-vis* de Charles de *Gaulle. En outre, elles ajoutent « le ragoût », comme eût dit le général.*

C'est en suivant ce principe que nous allons essayer d'éclairer, l'une après l'autre, ce que l'on pourrait appeler les grandes provinces d'une personnalité hors du commun avec l'espoir que celle-ci prenne, s'il se peut, encore plus de relief.

Nombreux sont ceux, aujourd'hui encore, qui se réclament du gaullisme, et pour lesquels ce mot a un sens et un contenu. Mais, depuis la disparition du général, une nouvelle génération est venue. Que sait-elle de Charles de Gaulle et du gaullisme ? À cette génération, un tel livre - c'est en tout cas notre espoir - devrait pouvoir apporter des éléments d'information et de réflexion sur « l'homme du 18 juin », entré vivant dans l'Histoire.

Marcel JULLIAN

CHARLES DE GAULLE

AUTOPORTRAIT

Texte peu connu diffusé par la France libre, au Caire, le Journal d'Égypte, *20 avril 1941.*

« Je suis un Français libre
Je crois en Dieu et en l'avenir de ma patrie.
Je ne suis l'homme de personne.
J'ai une mission et je n'en ai qu'une, celle de poursuivre la lutte pour la libération de mon pays.
Je déclare solennellement que je ne suis attaché à aucun parti politique, ni lié à aucun politicien, quel qu'il soit, ni du centre, ni de la droite, ni de la gauche.
Je n'ai qu'un but : délivrer la France. »

*

« Un appel venu du fond de l'Histoire, ensuite l'instinct du pays, m'ont amené à prendre en compte le trésor en déshérence, à assumer la souveraineté française. C'est moi qui détiens la légitimité. C'est en son nom que je puis appeler la nation à la guerre et à l'unité, imposer l'ordre, la loi, la justice, exiger au-dehors le respect des droits de la France. »

*

Conférence de presse avant son retour aux affaires en 1958.

« Croit-on qu'à soixante-sept ans je vais commencer une carrière de dictateur ? »

*

TÉMOIGNAGES

Dans ses Souvenirs d'Outre-Gaulle, *l'amiral François Flohic rapporte cette confidence du Général :*

« Mais il y a une question qui dépasse ma personne, c'est celle de la légitimité. Depuis 1940, je la représente. Ce n'est pas le gouvernement de la IIIe République qui a gagné la Grande Guerre, mais le peuple français avec à sa tête successivement Joffre, Clemenceau, Foch qui était la légitimité. Maintenant, c'est moi qui l'incarne et cela durera jusqu'à ma mort. »

*

1922. Charles de Gaulle est admis à Saint-Cyr. Son camarade Chauvin lui confie :

« J'ai le sentiment curieux que vous êtes voué à un très grand destin. »

De Gaulle lui répond d'une voix rêveuse :

« Oui, moi aussi. »

*

À propos de Georges Bidault, cofondateur du MRP et chef du gouvernement du 19 juin au 18 novembre 1946.

« Un jour, dans un salon, j'ai surpris une réflexion de Bidault. Il racontait à mon propos : "Je n'ai jamais vu quelqu'un prendre autant de mouches avec du vinaigre." Celui-là m'a compris. »

(D'après Jean-Raymond Tournoux.)

*

Dwight D. Eisenhower et Charles de Gaulle se retrouvent à Paris, le 3 septembre 1959, puis le lendemain à Rambouillet et font un tour d'horizon général.

« Roosevelt pensait que je me prenais pour Jeanne d'Arc. Il avait tort. Je me prenais simplement pour le général de Gaulle. »

(Id.)

*

« Je n'aime que ceux qui me résistent ; mais, malheureusement, je ne les supporte pas... »

(D'après Olivier Guichard.)

*

Un syndicaliste chrétien reçu avec sa délégation commence ainsi son petit discours :

« Mon général, comme nous l'avons maintes fois exposé à vos prédécesseurs... »

Et il s'attire cette réponse :

« Messieurs, vous vous trompez de personne, de Gaulle n'a pas de pré-dé-ces-seurs ! »

(Id.)

*

« Au fond, vous savez, mon seul rival international, c'est Tintin ! Nous sommes les petits qui ne se laissent pas avoir par les grands. On ne s'en aperçoit pas, à cause de ma taille. »

(D'après André Malraux.)

*

À un déjeuner à la Boisserie, dont se souvient l'un des ministres : au menu, un poulet de la basse-cour des De Gaulle. Mais, dans l'assiette du Général, un bifteck. À un invité qui s'en étonne :

« Je ne mange pas les animaux que je connais. »

(Id.)

*

1963. Dîner à l'Élysée qui réunissait Hélène et Pierre Lazareff, Joseph Kessel, élu l'avant-veille à l'Académie française... Avant l'arrivée des convives, Charles de Gaulle s'exclame :

« Je ne les connais pas personnellement, mais j'ai pour eux beaucoup d'admiration... »

Roger Stéphane était curieux de savoir de qui il s'agissait...

« Les Beatles. »

(D'après Roger Stéphane.)

*

Le Général, sur la fin de sa vie, se plaint amèrement de sa mémoire, et notamment le 28 mai 1970, lorsqu'il reçoit le Dr Parlier qui l'examinait tous les mois.

« Je n'ai plus là *(l'index désigne la tempe)* qu'une passoire...

– *Allons ! mon Général, ce que vous dites est pure coquetterie. Vous avez toujours eu une mémoire d'éléphant, et vous l'avez encore...*

– J'ai une mémoire d'éléphant fatigué, très fatigué... Songez que, dans ma jeunesse, par jeu, et en me jouant, j'avais appris le javanais. J'avais même inventé un langage secret, le "siacnarf... [1] " Prenez le mot "français", prononcez-le en commençant par la fin, et faites pareil pour les autres mots... Vous verrez, c'est autrement plus duraille que le verlan... Et j'en savais des pages entières !... »

(D'après le Dr Parlier.)

*

10 mars 1959. Au Premier ministre de Grande-Bretagne, M. Harold MacMillan, venu en visite officielle en France et reçu à Rambouillet.

« Eh oui, cher ami, nous passons vous et moi, auprès de certains, pour d'impénitents conservateurs, mais je vais vous faire un aveu : je suis parfois visité par l'ange du bizarre... »

(Id.)

*

1942. Londres. Winston et lady Churchill ont prié à dîner le Général et Mme de Gaulle. Deux semaines plus tard, les De Gaulle leur rendent la politesse et les

1. Le mot « français » à l'envers.

reçoivent dans leur petit appartement de Berkhamsted. Le Général fait les présentations.

« Voici ma fille Élisabeth... Mais je vous prie d'excuser l'absence de mon fils, qui est en mer...

(Il se tourne vers sa fille Anne, handicapée, et il a cette phrase qui sonne comme un superbe défi :)

... Et voici Anne... C'est aussi un De Gaulle ! »

(Id.)

*

De l'inconvénient de mesurer un mètre quatre-vingt-quatorze.

« Nous ne sommes jamais entièrement à notre aise, nous autres, les géants. Les fauteuils sont toujours trop petits. Les tables toujours trop basses, les lits toujours trop courts, les interlocuteurs toujours trop loin... »

(D'après Philippe Ragueneau.)

*

1947. Le gouvernement français envisage de conférer la médaille militaire aux cinq grands chefs alliés.

« Sur les cinq, j'en connais au moins trois qui ne l'accepteront pas : Roosevelt, parce qu'il est mort. Staline parce que je le connais. Et moi, parce que... parce que je me connais encore mieux. »

« Sur cette question, mon Général, quel est votre point de vue ? »

– Le plus élevé, cher ami. C'est le moins encombré.

*

1959. Conseil des ministres. L'ordre du jour est surchargé de détails techniques et de problèmes de troisième ordre. Le Président s'ennuie et le fait savoir bruyamment :

« De Gaulle, messieurs, n'a pas été créé et mis au monde pour s'occuper du train-train ! »

*

RUMEUR

Détendu, le Général confie à ses collaborateurs ses souvenirs d'enfance :

« Enfant, j'aimais jouer à la guerre. Mes frères et moi partagions nos soldats de plomb. Xavier avait l'Italie. Pierre l'Allemagne. Eh bien, moi, messieurs... j'avais toujours la Francc ! »

*

1943. L'ambassadeur Baelen a fait le récit d'une rencontre entre le général de Gaulle et un conseiller administratif à Damas.

« Mon Général, je veux vous servir, je reste à mon poste, mais je dois vous dire que je ne suis pas gaulliste. »

– Mais, monsieur, moi non plus !

Ajoutant même plus tard :

« Et je ne jurerais pas qu'à un moment ou à un autre, le maréchal Pétain lui-même ne l'ait pas été quelque peu. »

*

« Au début, vous savez, je crois que j'étais à peu près comme tout le monde. C'est-à-dire que je n'étais guère gaulliste... Et puis, petit à petit, en me regardant faire, je le suis devenu... »

*

« Chaque Français a été, est, ou sera gaulliste. »

*

Un gaulliste :

« Des tâches exaltantes attendent le gaullisme. »

Le Général, abrupt :

« Exprimez-vous clairement, bon Dieu ! Le gaullisme ? Connais pas. »

*

Le général de Gaulle et Gaston de Bonneval, son aide de camp, sont en tête à tête et font le point. Faisant allusion à l'un des visiteurs de la journée, Bonneval rappelle :

« Alors que vous bavardiez avec André Malraux...

– On ne bavarde pas avec le général de Gaulle, réplique le Général. On s'entretient avec le général de Gaulle. »

*

« Oh ! l'ambition politique, l'ambition politique !... Vous savez, cela vous vient très vite, l'ambition politique !... *(Un temps)*... Regardez... moi, par exemple ! »

*

Un homme politique vient, rue de Solférino, en 1956, consulter le Général sur les malheurs de la France. Diagnostic :

« Ça va mal ! Je vieillis... »

« Je suis le personnage du *Vieil Homme et la mer* d'Hemingway : je n'ai rapporté qu'un squelette... »

*

À Londres, en 1941, de Gaulle croise dans la rue un exilé français qui le reconnaît et se met au garde-à-vous en s'écriant : « Vive la France ! » Réponse polie du Général :

– Merci, monsieur.

*

1958. De Gaulle accède à la magistrature suprême. Les membres de son cabinet hésitent et s'interrogent sur la façon dont ils doivent s'adresser à lui. « Mon Général » ou « Monsieur le Président » ? Un cas d'école vite tranché par l'intéressé lui-même :

« Alors, selon vous, je ne suis plus général ? »

LA FRANCE

VUE PAR CHARLES DE GAULLE

« Toute ma vie, je me suis fait une certaine idée de la France. »

*

« La France ne peut être la France sans la grandeur. »

*

« Maintenant, j'entends la France me répondre. Au fond de l'abîme, elle se révèle, elle marche, elle gravit la pente. Ah ! mère, tels que nous sommes, nous voici pour vous servir ! »

*

Allocution du 27 juin 1958.

« Il faisait bien sombre hier ! Mais ce soir, il y a de la lumière. Françaises ! Français, aidez-moi ! »

*

QUELQUES « MAXIMES »

« En France, la gauche trahit l'État et la droite trahit la Nation. »

*

« Tout Français désire bénéficier d'un ou de plusieurs privilèges. C'est sa façon d'affirmer sa passion pour l'égalité. »

*

« Et puis comment voulez-vous que les Français s'entendent dans un pays où il y a 270 sortes de fromages ? »

*

TÉMOIGNAGES

« C'est curieux, cette attirance que les Français ont pour l'étranger ! Tous les soirs, la radio me parle de l'avenue du Président-Kennedy. Il n'y a pas d'avenue Clemenceau, ni à Washington ni à Londres, que je sache ? »

(D'après André Malraux.)

*

« Je ne vais pas voir les Bretons pour leur parler de la Bretagne. Je vais voir les Bretons pour leur parler de... la France ! »

(D'après Jacques Narbonne.)

*

En 1945, le chef de l'État sud-africain, le Maréchal Smuts, plaint la France et l'ampleur de la reconstruction à entreprendre :

– Général, je crains de ne plus jamais revoir la France comme puissance mondiale.

– Monsieur le Maréchal, je suis désolé d'apprendre votre santé si compromise.

(D'après Claude Guy.)

*

Août 1963. La Jordanie demande à la France la reprise de relations diplomatiques. Le Général donne pour consigne de temporiser, en vertu d'un principe incontestable selon lui :

« La France ne se précipite pas. C'est une grande dame qui ne fait pas la cour aux autres. Ce sont eux qui la lui font. »

(D'après Alain Peyrefitte.)

*

Mars 1964. De Gaulle envoie Jacquinot dans les Terres australes.

« C'est la première fois qu'un ministre s'y rend. À plus forte raison un ministre d'État. Ce n'est pas banal que nous existions aux Kerguelen, où nous avons pour sujets des mouflons et des rennes ; aux îles d'Amsterdam et de Crozet, où nous administrons les phoques ; en Terre Adélie, où nous régnons sur les pingouins. »

(D'après Alain Peyrefitte.)

*

2 mars 1916. Le capitaine de Gaulle est fait prisonnier devant Verdun. Le Feldwebel :

« Comment vous appelez-vous ?

– Charles de Gaulle.

– *De Gaulle ? Mais c'était autrefois le nom de la France.*

– C'est toujours, monsieur, le nom de la France !... »

*

À une vieille Française de Londres venue lui rendre visite, en juin 1940, pour lui demander « des nouvelles de notre pauvre France », cette réponse superbe :

« Madame, elle nous enterrera tous [2] ! »

*

À Alger, pour le 14 juillet 1943, première fête nationale libre, l'ambassadeur Murphy se vante auprès du Général de bien connaître la France, car il y a des ascendants, et Paris pour y avoir résidé depuis plusieurs années. De Gaulle :

« Non, Murphy, vous connaissez la duchesse de la Rochefoucauld mais vous ne connaissez pas la France. Et si vous y avez habité plusieurs années, eux, *[les Français]* ça fait deux mille ans ! »

2. On prête cette même déclaration du Général à Louis Joxe.

LE VOCABULAIRE DU GÉNÉRAL

Dans Le Vocabulaire du général de Gaulle *de Jean-Marie Cotteret et René Moreau, l'ordinateur fournit les dix mots de prédilection de De Gaulle, conscients ou inconscients, qui reviennent le plus souvent dans ses écrits.*

La France *(nous l'avons traitée)* ;
Le pays ;
La République ;
L'État ;
Le monde ;
Le peuple ;
La nation ;
Le progrès ;
La paix ;
L'avenir.

Nous allons les aborder à présent, pour la plupart dans l'ordre, plus quelques autres [3]. (Sauf le thème « avenir » par ailleurs évoqué.)

3. À la même question concernant Albert Camus, on obtient : « Le monde, la douleur, la terre, la mère, les hommes, le désert, l'honneur, la misère, l'été, la mer ». Seul « le monde » figure dans les deux listes.

LE PAYS

VU PAR CHARLES DE GAULLE

« Eh bien, mon cher et vieux pays, nous voici donc ensemble, encore une fois, face à une lourde épreuve ! »

*

1945.

« Seul le peuple est souverain.

En attendant qu'il soit en mesure d'exprimer sa volonté, j'ai pris sur moi de le conduire. »

« Quand la lutte s'engage entre le peuple et la Bastille, c'est toujours la Bastille qui finit par avoir tort. »

*

TÉMOIGNAGES

Déjeuner privé avec François Faure à l'hôtel Connaught le 29 mars 1942.

« La bourgeoisie française a fait son temps et je sais qu'en France il n'y a plus que le peuple qui soit capable de se battre et de se faire tuer pour une idée... »

(D'après Alain Guérin.)

*

Début décembre 1945, Charles de Gaulle reçoit un visiteur. Et comme celui-ci l'interroge sur l'état du pays, il lui répond :

« Le peuple ? En décembre dernier, souvenez-vous, les Français étaient malheureux. Aujourd'hui, ils sont mécontents. C'est un progrès. »

(Id.)

*

« Sans cette force qui le contient et l'organise tout de même un peu, ce peuple irait à la catastrophe. Il le sait bien. Il y était, n'est-ce pas, quand je suis venu par deux fois, pour l'en tirer ? »

(D'après Edgar Pisani.)

*

« Malheureusement, les Français ne sont pas toujours la France ! »

(D'après Jacques Vendroux.)

*

1969. En pleine rédaction du texte du référendum proposant aux Français une régionalisation décentralisatrice, un membre du gouvernement propose pour la région parisienne l'appellation « Île-de-France ». Le Président n'y semble pas favorable :

« Nous avons déjà la Corse. Deux îles, en France, ce serait trop. »

(D'après Alain Peyrefitte.)

*

RUMEUR

Après les élections législatives de mars 1967.

« Que puis-je faire, quand tant de gens s'en fichent ? Et quand ceux qui ne s'en fichent pas tout à fait pensent avant tout à eux, à leur carrière, à leurs intérêts personnels, à leur compte en banque ? Quand il n'y a plus que des gens comme ça, un pays est fichu !... »

*

Avant la manifestation gaulliste du 30 mai 1968 sur les Champs-Élysées.

« Où est-il le peuple ? Les Français sont des veaux ! Les veaux, c'est fait pour être bouffé ! Qu'est-ce que je fais à la tête des veaux ? Je ferais mieux de rentrer chez moi pour écrire mes mémoires ! »

*

1946. À propos du marché noir.

« Chacun triche mais s'indigne de ceux qui trichent plus que lui. »

LA RÉPUBLIQUE

VUE PAR CHARLES DE GAULLE

« République !

« Vous avez dit le mot ! Nous ne sommes plus au temps de la République des sages de Platon ni de celle des philosophes du siècle des Lumières. Ce ne sont pas les élucubrations de je ne sais quel penseur, fût-il académicien, qui peuvent modifier les principes fondamentaux de la société. »

*

1947. Conférence de presse.

« Ai-je étranglé la République ? Il faut parler sérieusement des choses qui sont sérieuses. Il faut en finir avec une exploitation de termes qui ne peuvent tromper que ceux qui, d'avance, ont voulu être trompés. »

*

20 janvier 1946. Aux ministres convoqués dans la salle des Armures du ministère de la Guerre.

« Le régime exclusif des partis a reparu. Je le réprouve. Mais à moins d'établir par la force une dictature dont je ne veux pas et qui, sans doute, tournerait mal, je n'ai pas les moyens d'empêcher cette expérience. Il me faut donc me retirer. »

*

Début 1960.

« SOCIALISTES : parti du lâche soulagement.

MODÉRÉS : concours à acheter. Trahisons à vendre.

RADICAUX : places ! Places (places au pluriel, naturellement).

MOUVEMENT RÉPUBLICAIN POPULAIRE : enfants de chœur qui ont bu les burettes... »

*

« La droite ignore ce qu'est la nécessité de la générosité et la gauche se refuse à la nécessité de la puissance. »

*

Octobre 1962.

« Les partis : des organisations professionnelles pour la conquête des places. »

*

TÉMOIGNAGES

À la veille des élections législatives de 1951.

« Vous deviez le savoir ; il n'est pas possible de se faire élire sur un programme et de l'appliquer. Car le choix est simple : ou l'élu trompe ses électeurs, ou il trompe l'intérêt du pays. »

(D'après Philippe Ragueneau.)

*

« Vous me voyez mettre mon petit chapeau dans ma petite armoire au vestiaire du Palais-Bourbon ? »

(À Jacques Soustelle, alors secrétaire général du RPF.)

*

« Sincèrement, vous voyez le général de Gaulle demander à Édouard Herriot la permission de prendre la parole ? »

(Réunion du comité directeur du RPF.)

*

« Il faut tuer la gueuse », crie un militant.

Réponse du Général :

« Apprenez, monsieur, qu'en France, la République ne se renverse pas. Chassez-la et elle revient au galop. »

(Id.)

*

Août 1962. S'apprêtant à proposer aux Français l'instauration de l'élection au suffrage universel du président de la République.

« Les Français ont été dépossédés par le parlement de leur souveraineté. Ils vont pouvoir faire du saute-mouton par-dessus les intermédiaires abusifs, par-dessus les notoires. »

(D'après Alain Peyrefitte.)

*

Avril 1963. Peyrefitte soumet oralement au Général le texte d'un communiqué dont il est l'auteur.

« Le gouvernement est unanime... »

De Gaulle reprend aussitôt l'élève distrait :

– Non, ça ne se dit pas. Il va de soi que le gouvernement est unanime. Cette formule était bonne pour la IVe République. Sous la Ve, quand un ministre n'est pas d'accord, il s'en va.

(D'après Alain Peyrefitte.)

*

RUMEUR

À propos des politiciens.

« À les en croire, c'est grâce à eux que les machines tournent, que le blé pousse, que le soleil brille et que la pluie tombe... »

*

Ayant chargé Michel Debré de rédiger en 1958 la nouvelle Constitution, le Général se désintéresse totalement de la question. Désespoir de Debré qui brûle d'envie de recueillir l'avis du Patron sur ses préambules, ses articles et ses lois organiques. Le Général le reçoit :

« Dites-moi, Debré, quand aurez-vous fini de m'assommer avec vos institutions ? Elles sont vraiment trop... a-no-ny-mes !

– Dans ce domaine, le gouvernement a pris cent vingt textes, précise Debré.

– Cent vingt textes ! Vous en avez du culot ! »

*

Le référendum printanier vient de donner 90 % de voix à de Gaulle. Debré file à l'Élysée afin d'y chanter le duo de la victoire.

« Ouais... 90 % de voix... Mais ce référendum est mou ! Ce pays est mou ! »

*

Peu après sa grande victoire de l'automne 1962, un visiteur félicite le Général.

« Voyez-vous, réplique de Gaulle, les soi-disant chefs des soi-disant partis auraient, bien sûr, préféré continuer à jouer à leur petite belote habituelle. Mais, moi, je les ai obligés à jouer au poker. Et là, je suis le plus fort... »

*

7 avril 1962. Le Général reçoit Guy Mollet, secrétaire général de la SFIO. Le leader socialiste manifeste, sur de nombreux points, son désaccord.

« Non, mon Général, la République, ce n'est pas vous ! Elle existait avant vous, et elle existera après vous !

– Bien sûr... Mais ce ne sera pas la même. »

*

15 août 1964. De Gaulle visite Toulon. La police découvre une bombe qui devait exploser sur son passage. À son retour à Paris, ses collaborateurs le pressent de modifier la Constitution afin de créer une vice-présidence qui inscrirait, dans la loi, la pérennité du gaullisme.

« Un vice-président ? Qu'aurait-il à faire ? Attendre ma mort ? ... »

*

5 décembre 1965. De Gaulle est mis en ballottage avec 44,64 % des suffrages exprimés. Au Conseil des ministres du mercredi suivant le Général commente :

« Aucun parti politique n'a jamais, en France, approché un tel score.

« La preuve est faite, s'il en était encore besoin, que nous sommes bien en démocratie. Est-ce que l'on met un dictateur en ballottage ? »

*

Octobre 1962. Le Général décide la dissolution de l'Assemblée nationale. Le jour même, Gaston Monnerville est reçu à l'Élysée en sa qualité de président du Sénat. De Gaulle l'accueille dans son bureau, debout, jouant avec la monture de ses lunettes.

« L'Assemblée nationale étant dissoute, la Constitution m'oblige à vous recevoir. Je connais votre opinion sur le référendum. Avez-vous changé d'avis ?

– *Non.*

– Dans ce cas, nous n'avons rien à nous dire. Au revoir. »

*

Juillet 1962.

« Libéral, libéral, qu'est-ce que ça veut dire ? Un libéral, c'est quelqu'un qui croit que ses adversaires ont raison ? »

*

Novembre 1963. À un ministre qui lui fait remarquer que, dans ses propos, il accable plus particulièrement la gauche, et qui l'interroge sur sa relative mansuétude à l'égard de la droite, de Gaulle répond, un peu las :

« Oui, c'est vrai... Mais la droite, elle n'en vaut pas la peine. »

L'ÉTAT

VU PAR CHARLES DE GAULLE

« L'importance de l'État réside dans le principe selon lequel l'intérêt particulier doit toujours être contraint de céder à l'intérêt général. »

*

Mai 1958. Le Général se défend d'avoir renversé la IVe République.

« Coup d'État ! Coup d'État ! Où était-il l'État ? Et vous voyez de Gaulle faire seulement un coup ? ... »

*

Aux politiciens qui l'accusaient, vers le milieu des années 50, de préparer la dictature :

« Le pire des coups d'État est celui qui maintient la dictature de la médiocrité. »

*

Novembre 1963. Soucieux de rendre à César ce qui est à de Gaulle, le Général fait parvenir une note sèche à l'ensemble de ses ministres, afin de les inviter à rectifier une « erreur » trop souvent constatée à la lecture des procès verbaux des Conseils :

« Rappeler aux ministres et au secrétariat général du gouvernement qu'on ne doit pas dire :

"Ceci a été décidé par le Conseil des ministres", mais "Ceci a été décidé en Conseil des ministres". »

*

TÉMOIGNAGES

31 juillet 1944. Message secret du Général.

« Je vous recommande de parler toujours très haut et très net au nom de l'État. L'État est au-dessus de toutes les formes et de toutes les actions. »

(D'après Alexandre Parodi.)

*

28 février 1960. Allocution aux membres du Conseil d'État.

« Il n'y a eu de France que grâce à l'État. La France ne peut se maintenir que par lui. Rien n'est plus capital que la légitimité, les institutions et le fonctionnement de l'État. »

(D'après Jean d'Escrienne.)

*

Août 1945. Au Parlement.

« Ce qui me frappe, moi, c'est qu'il n'y en ait pas un seul pour se placer du point de vue de l'État... Leur bêtise me consterne, elle m'étonne... »

(Id.)

*

Septembre 1968. Conseil des ministres. Michel Debré s'oppose violemment à un projet de loi d'Edgar Faure : « C'est une folie ! »

Le chef de l'État tranche en riant :

« Si Monsieur le ministre de l'Éducation nationale était fou, cela se saurait. Il serait toujours temps d'agir. »

(D'après Alain Peyrefitte.)

*

Conseil des ministres du 19 septembre 1962. L'instauration de l'élection du président de la République au suffrage universel et du recours direct au référendum sont à l'ordre du jour. Jean Foyer, Garde des Sceaux, émet quelques réserves de pure forme mais chacun sait qu'il va se rallier au projet. Après quelques explications compliquées, de Gaulle lui reprend la parole pour résumer son propos :

« Bien. Monsieur le Garde des Sceaux a des scrupules, mais il les surmonte. »

(Id.)

*

RUMEUR

« Messieurs, vos bavardages sont intolérables ! J'espérais que vous auriez appris, en siégeant ici, la différence qu'il y a entre un homme politique et un homme d'État ! »

*

« Comme un homme politique ne croit jamais ce qu'il dit, il est tout étonné quand il est cru sur parole ! »

*

Une boutade que le Général affectionnait de livrer, en privé bien sûr :

« La démocratie n'est supportable qu'à une condition : y avoir la majorité. »

*

Un haut fonctionnaire, convoqué par le Général, apprend de sa bouche qu'il est appelé à intégrer son Cabinet. Émotion du promu, qui se répand en remerciements. De Gaulle coupe les effusions.

« Il n'y a vraiment pas de quoi ! Vous verrez ! »

*

Comme on sait, la France n'a pas été conviée à Yalta, à l'insistance des États-Unis. On sait aussi que cette éviction a suscité la colère de De Gaulle.

« Les Américains commettront toutes les conneries imaginables, et même celles auxquelles on ne pense pas. »

*

Surpris de lire dans les journaux les détails d'une opération chirurgicale qu'il vient de subir, de Gaulle s'offusque :

« Il ne s'agit tout de même pas de la prostate de l'État, que je sache ! »

*

Avril 1959. Dissertant sur la solitude des grands hommes face à un ministre.

« On est toujours tout seul pour décider, Delouvrier. »

Le ministre approuve d'un air songeur.

« Dites donc, Delouvrier, ne méprisez quand même pas trop les hommes. »

LE MONDE

VU PAR CHARLES DE GAULLE

18 juin 1940. Londres.

« Cette guerre n'est pas limitée au territoire malheureux de notre pays. Cette guerre n'est pas tranchée par la bataille de France. Cette guerre est une guerre mondiale.

« Le destin du monde est là. »

*

TÉMOIGNAGES

Août 1961. Le mur s'érige à Berlin et le blocus s'instaure. Vinogradov, ambassadeur d'U.R.S.S., vient mettre en garde de Gaulle contre les risques que présente le pont aérien. Selon lui, Krouchtchev ne tolérerait pas le survol de l'Allemagne de l'Est par les Alliés. L'avertissement est péremptoire : « Il prendra même le risque de guerre ! »

De Gaulle, déterminé et flegmatique :

– Eh bien, monsieur l'ambassadeur, nous mourrons ensemble.

*

1961. De retour d'Afrique, Jean Foyer, ministre de la Coopération, transmet au Général une surprenante déclaration du président Yameogo, pour qui il est possible et souhaitable de fédérer tous les États africains et de confier la présidence de cette fédération à Dieu lui-même. Réaction du président français :

« Bonne idée ! Ça évitera la concurrence. »

(D'après Jacques Foccart.)

*

1965. Consigne formelle à Jacques Foccart.

« Les Américains ? Il faut tout leur refuser, même s'ils demandent une boîte d'allumettes. »

(D'après Alain Peyrefitte.)

*

RUMEUR

1945. Au lendemain de Yalta, où Staline, Churchill et Roosevelt se sont « partagés le monde » et où, surtout, la France n'a pas été conviée, de Gaulle laisse éclater sa colère... avant de lâcher, devinant l'avenir :

« Et puis je m'en fous ! Je les enterrerai tous les trois ! »

*

Juillet 1962. Coup de gueule en Conseil des ministres.

« Ces Américains sont incroyables ! Par qui ont-ils été élevés ? Ils n'ont pas été élevés du tout... ou ils ont été élevés avec l'idée que, sur la terre, il y avait eux – et puis des homoncules. »

LE PEUPLE

VU PAR CHARLES DE GAULLE

« Vieux peuple, auquel l'expérience n'a point arraché ses vices, mais que redresse sans cesse la sève des espoirs nouveaux... »

*

« La bourgeoisie est d'instinct contre le peuple, mais elle sait très bien, en revanche, utiliser les hommes politiques de gauche, avec qui elle peut dîner en ville. C'est parce qu'elle sait que je ne suis pas de ceux-là qu'elle me combat. »

*

TÉMOIGNAGES

16 avril 1959. Un jour, à Sens où le Général venait d'énoncer un truisme, Philippe Ragueneau lui avait glissé à l'oreille : « On a parfois l'impression que vous prenez les Français pour des demeurés...

– Non. Mais il faut parler aux gens le langage qu'ils comprennent. »

(D'après Philippe Ragueneau.)

*

En visite dans le Lot-et-Garonne, le président de Gaulle rencontre quelques maires. L'un d'eux, à l'accent particulièrement fleuri, se plaint :

« C'est que, putain, mon Général, nous n'avons pas beaucoup de crédits pour nos écoles, putain, pour nos chemins, c'est la même chose, putain... »

Le député Jacques Raphaël Leygues, qui l'accompagne dans cette tournée, gêné, se sent obligé de préciser : « Vous savez mon Général, chez nous "putain" n'est qu'une exclamation.

– Putain, chez vous, n'est qu'une exclamation ? Dommage. »

(Id.)

*

RUMEUR

« Les patrons se croient sociaux. Ils n'économisent rien pour les water-closets et les douches. Leurs femmes courent partout distribuer des layettes. Mais, pour associer les ouvriers, rien à faire. Dans ma jeunesse, c'était contre les augmentations de salaires. On ne voulait pas risquer que "les ouvriers boivent encore plus". C'est par les élites que tout pourrit. »

*

De passage en Côte-d'Or, le Général monologue sur le champ de bataille d'Alésia.

« Je ne comprends pas comment Vercingétorix a pu se faire battre. Il avait tout pour vaincre : cette position est imprenable ! Et pourtant, lui aussi, avait ses maquis... gaulois ! Eh bien, il devait alors avoir aussi... ses Bidault, ses d'Astier, ses Frenay, ses Teitgen et ses Maurice Schumann ! Et il n'a pas su les mater... Les Gaulois n'ont pas changé. Leurs chefs détestent obéir. Mais ils adorent discuter. »

LE PROGRÈS

VU PAR CHARLES DE GAULLE

22 août 1917. Lettre à sa mère.

« Nous sommes débarrassés maintenant du règne de l'École polytechnique dont une des funestes influences sur l'esprit de ceux qu'elle a formés est de leur donner le seul goût des jugements *a priori*, et de leur faire croire à la valeur absolue des hommes et des moyens. »

*

15 décembre 1965. Troisième entretien télévisé avec Michel Droit.

« Il y a, pour ce qui est de la France, ce qui se passe dans une maison, la ménagère veut avoir un aspirateur, elle veut avoir un Frigidaire, elle veut avoir une machine à laver et même, si c'est possible, une auto, cela, c'est le mouvement. Et en même temps, elle ne veut pas que son mari s'en aille bambocher de toute part, que les garçons mettent les pieds sur la table et que les filles ne rentrent pas la nuit. Ça, c'est l'ordre. La ménagère veut le progrès mais ne veut pas la pagaille. Eh bien ! C'est vrai aussi pour la France. Il faut le progrès, il ne faut pas la pagaille. »

*

RUMEUR

À un membre du gouvernement qui insiste sur la nécessité de favoriser l'émergence d'un corps de chercheurs de haut niveau.

« Des chercheurs, on en trouve ! C'est des "trouveurs" que je cherche. »

LA PAIX

VUE PAR CHARLES DE GAULLE

16 décembre 1940. Discours à Londres.

« Quand on pactise avec le diable, je veux dire avec l'ennemi, c'est pour aller de crime en crime. Le Dr Faust, chaque fois qu'il avait aggravé le malheur de Marguerite, recourait à Méphistophélès. Ainsi les gens de Vichy écoutent maintenant l'envahisseur qui parle de collaboration. »

*

Août 1967. Allocution radiotélévisée.

« La paix n'est aucunement assurée par des déclarations. À preuve le fait que, depuis le début du siècle et jusqu'à de récentes années, bien que nous fussions régis par des groupes de pensée et des formations politiques éminemment pacifistes, nous ne nous sommes jamais tant battus. »

L'OPINION PUBLIQUE

TÉMOIGNAGES

À un déjeuner en ville qui lance le débat sur l'opinion publique à l'heure de De Gaulle.

« L'opinion publique, ça n'existe pas. Tout ce qui s'est fait de grand depuis l'aube des temps, s'est fait en dépit de l'opinion publique.

– *Alors, selon vous, elle n'a aucune importance.*

– Aucune, sauf, évidemment, pour quelques journalistes ! »

(D'après André Malraux.)

*

« Suivre l'opinion publique, ou même la devancer, mais en prenant garde de ne pas s'écarter de la voie dans laquelle elle est engagée, voilà le souci constant et presque unique du politicien. Ça lui permet d'ailleurs, habituellement, de durer et même de réussir... selon son point de vue ! »

(Id.)

*

Après avoir, dans sa jeunesse, aimé jouer aux échecs et aux cartes, le Général s'était détaché de ces jeux au point de refuser toute partie. Il s'en explique à un parent :

« Si je gagne, on dira qu'on a voulu me faire plaisir. Et si je perds, le gagnant ira clabauder partout qu'il a battu le général de Gaulle. »

*

1959. Le directeur d'un quotidien de province, qui ne l'épargne pas dans ses éditoriaux, explique au Général quels sont, selon les études qu'il a fait établir, les articles lus de préférence par le public : 60 à 70 % vont vers les informations sportives et les faits divers, 20 à 30 % vers les nouvelles locales... De Gaulle l'interrompt :

« Et combien lisent les papiers politiques, par exemple, les éditoriaux ?

– *Euh... Moins de 0,5 %, paraît-il...*

– Eh bien, j'espère que cela ne vous découragera pas. »

LA MORT

VUE PAR CHARLES DE GAULLE

1924. Il écrit ces vers :

« Quand un jour, tôt ou tard, il faut qu'on disparaisse,
Quand on a plus ou moins vécu, souffert, aimé
Il ne reste de soi que les enfants qu'on laisse
Et le champ de l'Effort où l'on aura semé.
Moi. »

*

22 juillet 1969. Lettre à Pierre de Boisdeffre.

« Mais, pour les civilisations, comme pour tous autres vivants, il n'y a que la mort qui gagne... »

*

Dans son refuge de la Haute-Marne, en ce mois de décembre 1969, triste et froid, Charles de Gaulle écrit, médite, reçoit ses amis... Les événements récents l'ont profondément marqué, et, souvent, la mélancolie l'envahit.

« Après ma mort on dressera une grande croix de Lorraine sur la plus haute colline, derrière ma maison...

Et comme il n'y a personne, par là, personne ne la verra... Elle incitera les lapins à la résistance. »

*

« J'ai tout raté... Ma vie n'a été qu'une cascade d'échecs... Mes laïus, ça ne sert qu'à faire des ronds dans l'eau... Mes laïus n'auront jamais servi à rien : autant labourer la mer... De toute façon, il ne restera rien de tout ça... Autant en emportera le vent... »

*

À André Malraux le 11 décembre 1969. (Le Général mourra le 9 novembre 1970, foudroyé en faisant une réussite.)

« Vous savez que le courage consiste toujours à ne pas tenir compte du danger. Il faut mourir assassiné, ou foudroyé... »

*

TÉMOIGNAGES

Quelques jours après l'attentat du Petit-Clamart, en Conseil des ministres. Une fanfaronnade qui est plus qu'une fanfaronnade :

« Au début, j'ai regretté qu'ils n'aient pas réussi. Voilà qui est mieux que de mourir dans son lit... Et puis, messieurs, j'ai pensé : mais que deviendrait la France sans de Gaulle ? »

(D'après Alain Peyrefitte.)

*

IKE EISENHOWER : *Après cinquante ans, on n'est plus en forme. On est toujours fatigué. Il faut toujours se surveiller, on a toujours des ennuis.*

DE GAULLE : Vous m'enlevez mes illusions. J'espérais qu'après cinquante ans, on commençait enfin à aller bien.

(D'après Alain Peyrefitte.)

*

1961. Gaston Monnerville, président du Sénat et en conséquence susceptible d'être désigné par la constitution Chef de l'État par intérim, fait propager le mot : « Si de Gaulle disparaît, je suis là. » Le Général n'est pourtant que fatigué par les événements récents d'Alger et l'agitation : il se repose à Colombey.

« Il m'agace, ce Monnerville ! Il pourrait au moins attendre le faire-part ! »

*

RUMEUR

À la faveur de l'agitation de Mai 68, les partis de gauche se rapprochent pour tenter une unité qui permettrait de faire jouer l'alternance. De Gaulle hausse les épaules.

« L'unité de la gauche, elle se fera peut-être, après ma mort. Mais, à ce moment-là, elle se réclamera du gaullisme, et je ne serai plus là pour rafraîchir quelques mémoires. »

*

« Je souhaite que mes obsèques soient réduites au strict minimum.

– *Qu'entendez-vous par "strict minimum", mon Général ?*

– Moi. »

*

La mort – en tout cas la sienne – de Gaulle ne l'imaginait qu'à la mesure de son propre destin : apocalyptique, foudroyante, sauvage... Visitant un cimetière militaire en compagnie de son ministre des Anciens Combattants, il avait soupiré :

« Et dire que je mourrai peut-être dans mon lit ! Vous imaginez cela, vous, Sainteny ? »

*

En 1965, le Général, âgé de soixante-quinze ans, évoquera sa fin dernière, devant un familier.

« Depuis longtemps, je suis prêt à me présenter devant le Créateur... Mais est-il prêt, Lui, à cet affrontement ? »

*

Septembre 1962. Attentat raté contre le Général à Pont-sur-Seine. Le danger passé, de Gaulle dit à son chauffeur :

« C'est une plaisanterie de mauvais goût, quels maladroits ! Continuons. »

*

Septembre 1962. Peu après l'attentat de Pont-sur-Seine, de Gaulle reçoit un chef d'État étranger qui s'apitoie sur les malheurs de son hôte :

« Vous avez vécu de bien terribles instants.

– Oui, et l'important, c'est de les vivre. »

*

1963. À propos d'Édouard Herriot.

« Il a eu la bonne idée de mourir avant que je revienne aux affaires, ça m'a évité d'avoir à décider sur ses funérailles nationales. »

LA PRESSE

VUE PAR CHARLES DE GAULLE

31 décembre 1964. Recevant les vœux des journalistes à l'Élysée, de Gaulle lâche quelques pointes :

« Je pense que vous êtes partagés entre deux états d'esprit : en tant qu'hommes vous ne souhaitez pas de catastrophes, mais en tant que journalistes je ne suis pas sûr que vous n'cspérez pas d'événements graves d'où vous pourriez tirer quelque ragoût. »

*

Face aux journalistes qui, en 1964, l'invitent à annoncer sa candidature ou son renoncement à la présidentielle future, le Général prend plaisir à esquiver.

« Vous savez bien que je ne vous répondrai pas à ce sujet. Je vous l'ai déjà dit à plusieurs reprises : on verra bien. Il faut que vous puissiez faire des pronostics. »

*

TÉMOIGNAGES

« Ce ne sont certes pas les grands journalistes qui agissent ainsi (flatter l'opinion), mais, s'il en reste, ceux-ci sont de plus en plus rares... pour presque tous, l'opinion publique est sacro-sainte ; il faut caresser ses instincts les moins nobles, parfois les plus bas et, surtout, ne pas la heurter pour ne pas l'avoir contre soi. En cela la majorité des journalistes ressemble à la majorité des politiciens. »

(D'après Jean d'Escrienne.)

*

Janvier 1964. À deux ans de la présidentielle, l'hebdomadaire L'Express *esquisse la silhouette d'un adversaire potentiel pour le Général (ce sera Gaston Deferre), désigné mystérieusement sous l'appellation de « Monsieur X ». Quelques semaines plus tard, répondant au cours d'une conférence de presse à un journaliste qui le presse d'annoncer aux Français sa propre candidature, de Gaulle lance, goguenard :*

« Vous m'avez demandé, monsieur, ce que je ferai dans deux ans. Je ne peux pas et je ne veux pas vous répondre. Alors, comme ça, pour vous, Monsieur X, ce sera le général de Gaulle. »

*

Juin 1962. On sait l'agacement du Général face à ce qu'il considérait comme une opposition abusive de la part des « scribouilleurs des journaux ». Ainsi, à Roger Peyrefitte, porte-parole du gouvernement, ce jugement mi-menaçant mi-pince-sans-rire :

« Il me revient que vous vous entendez bien avec les journalistes... C'est mauvais signe. »

(D'après Alain Peyrefitte.)

*

Novembre 1958. Les élections, en Algérie, seront-elles libres ? La presse en doute et interroge le Général : Fera-t-il une déclaration solennelle pour en assurer les votants ?

« J'ai déjà dit toutes ces choses-là, clairement, au cours de ma conférence de presse. Je n'ai pas l'habitude, messieurs, de redire deux fois la messe pour les sourds. »

*

Mai 1958. De Gaulle forme son gouvernement. Jacques Foccard plaide la cause de Jacques Soustelle, qui a pourtant beaucoup désobéi aux volontés gauliennes par le passé. Le Général est plus que réticent. Foccard insiste : « Mon Général, vous ne pouvez pas laisser Soustelle sur la touche. Il a sa place au gouvernement. »

Après un silence, le visage de De Gaulle s'éclaire d'un inquiétant sourire :

– Eh bien soit ! Je vais lui coller l'Information...

(D'après Jacques Foccard.)

*

RUMEUR

« Vous savez bien qu'il n'y a plus de grands journalistes, de grands ténors comme les Rochefort, Daudet, Veuillot, Zola à ses heures ! Aujourd'hui, il y a l'affût du scandale, de la petite histoire, de l'incident qui va permettre un gros titre, une photo et quelques lignes de texte, vide ou destructeur... »

*

« Ils écrivent, ils écrivent, c'est tout ce qu'ils savent faire. »

*

« Recevoir un grand nombre de journalistes est un plaisir. Un petit nombre : un ennui. Un seul d'entre eux : un supplice. »

*

Janvier 1962. À une réception, le Général aborde un groupe de journalistes.

« Je vous remercie, messieurs. Oui. Les choses étant ce qu'elles sont, heureusement que j'ai vos feuilles pour apprendre... ce que je pense. »

*

Un ministre se plaint des commentaires de la presse.

« Quand on est ministre, on ne se plaint pas des journaux. On ne les lit même pas. On les écrit. »

*

Un courtisan s'indigne de l'indiscrétion des journalistes.

« Bah ! Cela fait dix mille ans que ça dure !... Dans l'Antiquité, déjà, les Passeron [4] picoraient et les Tournoux écoutaient aux portes... En quoi ils ont toujours perdu et perdent toujours leur temps ; il leur suffisait et leur suffit encore de faire parler les courtisans, qui se sont toujours enivrés de commérages : voyez Saint-Simon... »

*

4. André Passeron, journaliste au *Monde*, est décédé en 1994.

Dans À l'Élysée au temps de Charles de Gaulle *de Claude Dulong : au Conseil des ministres, quelqu'un parlait de « la presse d'opposition ».*

« Il n'y en a pas d'autre », *interrompit le Général.*

*

Face à une presse qui le poursuit et le dénigre presque systématiquement.

« Vous comprenez, ce que ne me pardonne pas Beuve-Méry, c'est de lui avoir donné *le Monde* à la Libération. »

*

1962. Notre République *publie une parodie de la chronique « La Cour » du* Canard enchaîné *et à son auteur, André Ribaud, est donné le sobriquet de « duc de Tracassin-Simon ». Commentaire du Général :*

« C'est plutôt à Beuve *(Hubert Beuve-Méry, directeur du* Monde *: ses articles signés « Sirius » étaient fort sévères)* que vous auriez dû donner ce surnom... N'est-il pas le tracassin incarné ? ... Son encre n'est-elle pas du vitriol – à peine dilué d'eau bénite, et encore pas toujours ! – un jour, vous verrez qu'il portera sa plume à sa bouche, par distraction, et qu'il mourra empoisonné ! Vous savez comment je l'ai baptisé ? "Monsieur Faut qu'ça rate." »

*

Novembre 1968. À propos de la censure et de la « vague pornographique » qui commençait à déferler.

« Coïter, on croirait qu'ils ne pensent qu'à ça : coïter !... Qu'est-ce que c'est coïter ? ... C'est perpétuer la race humaine... C'est “faire des enfants sur une grande échelle”, comme dit, paraît-il, Debré... Et, pour le reste, quoi d'autre ? ... Le grand frisson d'une seconde, au rythme des mitrailleuses ? ... L'infini à la portée des caniches... [5] »

*

Janvier 1963. Lassé de l'opposition de la presse :

« Le jour où le *Figaro* et *L'immonde* me soutiendraient, je considérerais que c'est une catastrophe nationale. »

*

Mai 1959. Réception au Conseil constitutionnel. Hubert Beuve-Méry, directeur du Monde *et auteur d'articles anti-gaullistes, s'approche du Général pour une requête.*

« Mon Général, pourrais-je obtenir de vous voir quelques minutes à l'Élysée prochainement ?

– À quoi bon ? Je sais ce que vous voulez me dire et, vous, vous savez ce que j'ai à vous répondre. »

5. Cette dernière phrase est empruntée à Louis-Ferdinand Céline : « L'amour c'est l'infini à la portée des caniches » tirée du *Voyage au bout de la nuit*.

LA TÉLÉVISION ET LA RADIO

VUES PAR CHARLES DE GAULLE

Allocution prononcée lors de l'inauguration de la Maison de la Radio.

« Quelles responsabilités incombent à ce vaste ensemble ! Après la parole, le dessin, la scène, l'écriture, l'imprimerie, la photo, le cinéma, voici qu'à son tour la radio s'est saisie du contact direct avec les intelligences, les sensibilités, les volontés. »

*

18 février 1963.

« L'information à la télévision est attachée :

– au pittoresque ;

– au pessimisme ;

– à l'individualisme ;

– à l'opposition. »

*

« Je me détends beaucoup à regarder votre télévision. Surtout *vos* informations. C'est comme les films comiques. C'est tellement bête que c'en est drôle. »

*

3 mars 1963. Note à Alain Peyrefitte.

« Rien ne serait plus mauvais que de mettre quelques nouveaux emplâtres sur cette jambe malade en tâchant d'éviter encore une fois l'opération. »

*

TÉMOIGNAGES

13 juin 1958. Il avait enregistré son premier message télévisé, un spécialiste lui dit :

« Si vous utilisez la télévision, agissez en acteur.

– Je ne suis pas Jean Marais. »

*

Avril 1969. De Gaulle doit intervenir à la télévision, il explique à Joël Le Theule, secrétaire d'État à l'Information :

« Quand on me passe du fard sur la figure, et qu'on me poudre comme une vieille poule qui ne dételle pas, j'ai l'impression qu'on essaie de me donner belle apparence sur mon lit de mort... Et puis ça me fait penser à Rommel...

– *Rommel, mon Général ?*

– Oui : en Libye, au temps de l'Afrikakorps, il se bichonnait toujours avant de recevoir des journalistes ou des photographes... Il se mettait de la colle à la commissure des yeux et de la bouche, et il y jetait des grains de sable : comme ça, il faisait plus "loup gris du désert" que nature... J'ai toujours détesté les putasseries de ce genre à la différence d'un De Lattre, par exemple... »

(D'après Joël Le Theule.)

*

Au cours d'une réception, de Gaulle avise un secrétaire d'État et lui fait compliment. Celui-ci, surpris, en demande la raison.

« Eh bien, pour hier, voyons, aux "Jeux sans frontières"! Votre Nogent-sur-Marne les a toutes battues ! C'est très bien. »

(D'après Roland Nungesser.)

*

Juillet 1962. En Conseil, le ministre des Postes et Télécommunications évoque les succès technologiques obtenus grâce à un satellite français dont on a pu capter les images, alors même que les Anglais y ont échoué et demandent qu'on leur vende les clichés. De Gaulle magnanime :

« Donnez-les gratuitement à la BBC, elle mérite bien ce geste, elle en a fait d'autres pour nous en d'autres temps. »

(D'après Alain Peyrefitte.)

*

5 décembre 1965. Le Général est en ballottage. Ses collaborateurs tentent de le convaincre d'user de ses extraordinaires dons télévisuels et lui suggèrent la formule de l'« entretien au coin du feu ».

« Quoi ? ... C'est cela que vous escomptez : que de Gaulle se mette en pyjama ? ... »

*

À André Malraux, après la diffusion à la télévision des Perses *d'Eschyle.*

« Admettons... mais il faudrait montrer des choses plus drôles dans mes étranges lucarnes. »

*

Janvier 1959. Au directeur de la R.T.F., qui ne réussit pas à répondre à une question du Général concernant les programmes dont il est pourtant le maître d'œuvre.

« Je sais bien, Monsieur le directeur général, que l'importance de vos hautes fonctions vous empêche d'écouter la radio et de regarder la télévision. Mais je vous en prie, prenez sur vous et faites-le de temps en temps. C'est là le meilleur moyen pour vous de conserver lesdites fonctions. »

*

Septembre 1963. On parle de plus en plus d'autoriser la publicité à la télévision. Le Général hésite.

« Tout ce que je demande, c'est qu'on ne dise pas : de Gaulle se rase avec un rasoir Gilette. De Gaulle a le sourire Gibbs. »

*

Septembre 1963. À propos d'« Intervilles ».

« Ça devrait avoir un grand succès ! On est pris. On prend parti. Ainsi, l'autre jour, j'étais pour Dax contre Tarbes. Mais j'ai perdu.

– *Pourquoi aviez-vous pris parti pour Dax, mon Général ?*

– Parce que le maire est gaulliste. »

ÉCRIRE ET LES ÉCRIVAINS

VU PAR CHARLES DE GAULLE

25 mars 1959. Conférence de presse à l'Élysée.

« La liberté d'écrire et de publier est un droit. À ceux qui en prennent la responsabilité, il est loisible de suer le fiel et de cracher le vinaigre, comme de distribuer le lait et de répandre le miel. »

*

À propos de Bernanos.

« Celui-là, je n'ai pas réussi à l'atteler ! »

*

TÉMOIGNAGES

En 1958.

« Comme il est étrange que l'on doive se battre à ce point pour arracher de soi ce que l'on veut écrire ! Alors qu'il est presque facile de tirer de soi ce que l'on veut dire, quand on parle. »

*

11 janvier 1964.

« ... Comme vous êtes mon ami, je vous remercie de faire si magnifiquement ce qu'il faut pour que je puisse vous admirer. »

(D'après Joseph Kessel.)

*

Avril 1948.

« Vous ne pouvez savoir quel calvaire sont pour moi ces discours. J'écris de plus en plus difficilement... et lentement. Cela pour trois raisons. D'abord parce que je ne suis plus porté par les événements. Ensuite parce que je vieillis. Enfin parce qu'il faut bien dire que cela consiste à répéter toujours la même chose et que la chose devient fastidieuse. »

(D'après Claude Mauriac.)

*

Printemps 1942. Le chef de la France libre descend en direction de ses bureaux du 4, Carlton Gardens. François Coulet, son chef de cabinet, l'accompagne.

« Le plus beau métier, finalement, c'est d'être bibliothécaire... »

Coulet acquiesce, d'autant que son père a été à deux doigts de prendre la direction de la superbe bibliothèque du Palais-Bourbon.

« Non, je ne parle pas d'une grande bibliothèque mais d'une petite, dans une petite ville de province, en Bretagne, par exemple, une bibliothèque municipale...

« Oui, croyez-moi : bibliothécaire, c'est le plus beau des métiers ! »

(Id.)

*

13 février 1956.

« Vous êtes venu me trouver dans ma solitude et m'avez entraîné avec vous dans *La Vallée des rubis*. J'en ai été enchanté. Votre extraordinaire talent est un guide et un compagnon à qui, après le voyage, je demeure reconnaissant.

« J'espère qu'indépendamment de la littérature tout va, pour vous, comme vous voulez. La France n'est pas, actuellement, brillante. Il faut en avoir du chagrin, c'est le meilleur service à lui rendre... »

(D'après Joseph Kessel.)

*

RUMEUR

Le Général ayant décidé de donner la grand-croix de la Légion d'honneur à François Mauriac, des ministres murmurent.

« Mais oui, messieurs, tranche le Général, Mauriac est le plus grand écrivain français. »

Son regard balaie le conseil et tombe sur André Malraux.

« Oui, le plus grand écrivain français... parmi d'autres. »

*

« Louis Aragon ?... Grand poète, bien sûr – dans *La Diane française* et ses autres œuvres du temps de la Résistance... Mais tout de même, du *Con d'Irène* [6] aux *Yeux d'Elsa*, quelle trajectoire !... »

*

22 avril 1961. Paris apprend avec stupeur la tentative du putsch militaire qui secoue Alger. À l'Élysée, un peu d'affolement. Ministres et membres du Cabinet pressent le Général d'intervenir à la radio et à la télévision.

« Il faut d'urgence adresser un message à la nation, mon Général.

– J'en ai bien l'intention. Mais mon texte n'est pas prêt.

– *La France ne peut attendre, mon Général !*

– Messieurs... Ce n'est pas parce que la situation est grave que je dois faire un mauvais discours. »

*

« Quand on achète un livre aujourd'hui ce n'est pas pour le lire, c'est pour l'avoir lu... »

*

Romain Gary, venu à Londres dès juillet 1940 pour se battre en tant qu'aviateur, apprend qu'il est gardé en réserve en prévision du débarquement, nouvelle qui

6. *Le Con d'Irène*, œuvre érotique qu'Aragon publia anonymement en 1928, et dont il dénia par la suite la paternité !

le plonge dans une colère noire : s'ensuit une agression rocambolesque sur la personne du chef d'état-major qui lui a annoncé la décision. L'esclandre lui vaut d'être convoqué par de Gaulle en personne, à qui il déclare tout de go : « Si je ne peux pas me battre sous vos ordres, je préfère partir dans une escadrille anglaise. »

– Très bien ! Partez ! Et n'oubliez pas de vous faire tuer ! »

Tout semble dit : Romain Gary salue et s'apprête à franchir le pas de la porte, lorsqu'il entend le Général lui crier encore :

– D'ailleurs il ne vous arrivera rien. Il n'y a que les meilleurs qui se font tuer. »

LES FEMMES

VUES PAR CHARLES DE GAULLE

« Ma femme, sans qui rien de ce qui a été fait n'aurait pu l'être. »

*

1919. Aux jeunes officiers français, l'occupation de l'Allemagne offrait plus de sourires que de grimaces. Le séduisant capitaine de Gaulle fréquentait les salons de la meilleure société et n'était pas le dernier à en tirer un agréable parti. Dans une lettre à un ami, resté en France, il confiait :

« Dur au combat, le Français est aussi galant avec les femmes. Ces deux comportements ont d'ailleurs le même objectif : la défaite de l'autre... »

*

TÉMOIGNAGES

À Londres, un des habitués n'a pas reçu de carton d'invitation. Raymond Offroy plaide en sa faveur auprès du Général.

« Je veux bien l'inviter de nouveau, mais sans sa femme.

– *Pourquoi mon Général ? Parce qu'elle est anglaise ?*

– Mais non, voyons !... Il est vrai que vous n'étiez pas avec nous lorsque j'ai tenté de rallier Dakar à la France libre. Eh bien, à bord du Westernland cette dame était infirmière. Elle a couché avec tout le monde, sur ce bateau, sauf avec moi, Courcel, et, peut-être, le père d'Argenlieu. »

*

Suggestion de la création d'un ministère de la Femme.

« Et pourquoi pas un sous-secrétariat d'État au Tricot ? »

(D'après Ernest Mignon.)

*

Mi-mai 1968, Paris est en proie à la tourmente, le chef de l'État n'annule pas son voyage en Roumanie. L'envoyé spécial du New York Herald *cite à ce propos dans son article un vieux proverbe transylvanien : « Tout le village est en feu, et grand-mère se peigne devant son miroir. » De Gaulle commente :*

« Eh bien ! Grand-mère a raison !... Elle va bientôt brûler dans l'incendie, et se fait des bouclettes... Ce n'est pas affaire d'affèterie mais de dignité, de respect pour soi-même, et aussi de respect pour le Créateur devant lequel elle va comparaître... Sur le pont de son navire qui va sombrer, l'amiral ne doit pas être en caleçon, mais en grand uniforme... Si elle avait été plus féminine, Jeanne d'Arc se serait mis du rouge à lèvres avant de monter sur le bûcher de Rouen. »

(D'après Jean-Michel Royer.)

*

Un inspecteur de la Sécurité avait fait placer devant la porte de la chambre du Général un lit pour un policier.

« Qu'il ne se gêne plus ! La prochaine fois, qu'il mette le policier dans mon lit, mais dans ce cas je demanderai que ce soit la brigade féminine de Sécurité ! »

(D'après Claude Dulong.)

*

Londres, vers onze heures, le soir de Bir Hakeim. Le Général marche dans la rue en compagnie de Maurice Schumann qui racontera l'étonnante scène suivante. Abordé par deux Françaises qui, de toute évidence, pratiquent le plus vieux métier du monde, de Gaulle accepte de signer un autographe sur une photographie du chef de la France libre qu'une des deux dames a fait surgir de son sac. La dédicace restera dans la mémoire de Schumann :

« À madame X..., qui a travaillé pour l'entente cordiale. »

*

1946. Nouvellement installé à Colombey-les-Deux-Églises, le couple de Gaulle parcourt en voiture la région pour la découvrir. Un jour où ils s'égarent, Yvonne de Gaulle envisage de demander leur chemin à une fermière aperçue sur le bord de la route.

« Gardez-vous-en bien. Les femmes sont incapables de renseignements précis : elles commencent par se signer, pour distinguer leur gauche de leur droite. »

(D'après Claude Guy.)

*

RUMEUR

Au début des années 60, un visiteur raconte les exubérances d'une résistante célèbre, devenue l'une des passionarias du gaullisme. Le Général commente.

« Oui, elle est un peu fofolle... Sa passion pour moi est néanmoins des plus flatteuses... Pour elle, je suis le Christ, et elle se veut ma religieuse portugaise... Toutes proportions gardées, bien sûr...

« Je me demande si, quand elle passe place de la Concorde, et qu'elle regarde l'obélisque, elle ne pense pas à moi avec des émois d'entrailles... »

*

La belle Jackie Kennedy est tout à la joie de parler avec le monstre sacré de l'Occident, elle le bombarde de questions : « Vous Général, qui avez connu dans votre vie tant de personnages intéressants, quel est celui qui avait le plus grand sens de l'humour ?

– Staline, madame ! »

*

Jackie Kennedy raconte sa vie au Général. Elle aborde le chapitre de sa famille :

« Vous savez, Général, que ma famille est d'origine française ?

– Eh bien ! La mienne aussi ! »

*

L'évocation de la France libre dans Babette s'en va-t-en guerre *permet à une épouse de ministre de placer enfin la question :*

« Général, que pensez-vous de Brigitte Bardot ?

– Eh bien ! Il me semble que... cette dame... a une simplicité de bon aloi. »

*

En 1965, lors d'une réception à l'Élysée, Brigitte Bardot, au faîte de sa gloire, arrive habillée avec ce que Malraux, grand ordonnateur de la soirée, appellera « un pyjama à brandebourgs », tenue vaguement militaire (elle vient de tourner Babette s'en va-t-en guerre*). Le Général glisse à son ministre des Affaires culturelles :*

« Chic, un militaire. »

Et l'invitée vedette va avoir droit aux plus grands frais de la part du Général :

« Quelle chance, madame !... Vous êtes en uniforme, et je suis en civil ! Ah ! madame, comme j'aurais aimé vous avoir dans mon régiment. Nous eussions fait d'immenses choses ensemble !... »

*

Un révisionniste : « Vous n'ignorez pas, mon Général, qu'on a beaucoup exagéré les conditions de détention que les nazis firent aux femmes, à Ravensbrück... »

(La nièce du Général, Geneviève, revient de Ravensbrück.)

« Vous vous doutez que je n'ignore rien de tout cela !... Nos résistantes étaient, à l'évidence, parfaitement bien dans les camps d'extermination... La preuve : elles y sont presque toutes restées... »

*

Les survivants de la France libre sont reçus à l'Élysée.

« Moi, lance une vieille dame, mon gaullisme date du 18 juin 1940 !

– Il y a mieux, dit le Général, et désignant sa femme Yvonne : Madame... voilà la première femme gaulliste ! »

*

En poste depuis très peu de temps, l'ambassadeur d'un pays voisin et allié s'approche de De Gaulle.

« Savez-vous, monsieur le Président, que ma femme est très gaulliste ?

– Eh bien ! la mienne, monsieur l'Ambassadeur, ça dépend des jours... »

*

Amateur d'historiettes poivrées, l'un des familiers du Général raconte les amours extraconjugales d'une épouse d'un des membres de son entourage.

« Vous ne m'apprenez rien !... Figurez-vous que j'ai toujours remarqué que bizarrement, les cocus épousaient de préférence des femmes adultères ! »

*

Reconnaissant une journaliste qui, pour l'approcher, s'est mêlée au groupe des veuves de guerre d'une manifestation d'anciens combattants :

« Vous ! Veuve ? Depuis quand ? »

*

1941. Alors que l'Angleterre peine à se doter d'un armement, de Gaulle assiste, à Leeds, au défilé d'un bataillon féminin désarmé et s'amuse à feindre l'inquiétude.

« Voilà qui est bien préoccupant ! J'espère que nous pourrons leur prêter des fusils pour défiler sur les Champs-Élysées. »

*

« Comment avez-vous trouvé Mme Kennedy ?

– Extrêmement bien habillée. »

*

1964. Sacrifiant au traditionnel bain de foule lors d'une visite en Guadeloupe, le Général se voit saisi par une femme qui l'embrasse sur les deux joues. De Gaulle se tourne vers son aide de camp :

– Je n'ai pas de marques, au moins ?

– *Si, mon Général.*

– Tant pis. Ma femme comprendra sûrement. »

ISRAËL ET LES JUIFS

VUS PAR CHARLES DE GAULLE

« J'ai dit du peuple juif non pas qu'il était un peuple "dominateur", mais qu'il était un "peuple d'élite sûr de lui et dominateur": il y a tout de même une sérieuse nuance ! Dans un sens, c'est même un compliment que j'ai fait aux juifs. »

*

« Si l'existence d'Israël me paraît très justifiée, j'estime que beaucoup de prudence s'impose à lui à l'égard des Arabes. Ceux-ci sont ses voisins, et le sont pour toujours. C'est à leur détriment et sur leurs terres qu'il vient de s'installer souverainement. Par là, il les a blessés dans tout ce que leur religion et leur fierté ont de plus sensible. »

*

« Israël ne risque absolument pas la destruction. Nous ne le laisserions pas détruire, je l'ai dit et répété naguère, mais nous n'avons pas à être inquiets à ce sujet : s'il n'a à faire face qu'à ses voisins, comme ce sera le cas, Israël ne sera pas détruit. »

*

« Militairement parlant, Israël, par sa cohésion, la volonté de survivre de son peuple, la valeur de son armée, de ses cadres, de ses hommes, la qualité de son matériel, est incontestablement en position de force par rapport à ses ennemis. »

*

TÉMOIGNAGES

« Les États-Unis finiront par faire pression sur Israël par lassitude car ils "en auront assez" d'être sollicités et mis à contribution continuellement, et aussi par "prise de conscience du danger que présente une situation explosive qui s'éternise" dans une région où une étincelle peut suffire à déclencher un vaste incendie. »

(D'après Jean d'Escrienne.)

PÉTAIN

VU PAR CHARLES DE GAULLE

Pétain rêve d'entrer à l'Académie. Il commande à son Cabinet et sous ses directives d'écrire un texte. Son poulain, le capitaine de Gaulle, est chargé de cette mission et écrira entre 1925 et 1927 Le Soldat à travers les âges.

18 janvier 1928. Lettre au colonel Lucien Nachin.

« *Le Soldat* du maréchal Pétain et de votre serviteur est fini, vous en êtes témoin, mais la décision ne vient pas. Il sortira, pourtant, un jour, dussé-je m'en charger tout seul. Ah ! si je connaissais un éditeur aux reins et au cœur solides qui fût en même temps discret et voulant faire paraître l'ouvrage tout à coup sous les pseudonymes X et Y ! »

*

En 1938, le colonel de Gaulle décide de publier La France et son armée. *Pétain s'insurge et, dans une lettre indignée, dénonce le procédé comme « inqualifiable » sous prétexte qu'il s'agit en partie d'un « travail d'état-major ». Réponse du 18 août 1938.*

« Au surplus, monsieur le Maréchal, et sans épiloguer sur les raisons qui vous firent, voici onze ans, mettre fin à ma collaboration, il ne vous échappera certainement pas qu'au cours de ces onze années [entre 1927 et 1938] les éléments de cette affaire ont changé pour ce qui me concerne. J'avais trente-sept ans ; j'en ai quarante-huit... Moralement, j'ai reçu des blessures – même de vous, monsieur le Maréchal –, perdu des illusions, quitté des ambitions. Du point de vue des idées et du style, j'étais ignoré, j'ai commencé de ne plus l'être. Bref, il me manque, désormais, à la fois la plasticité et l'incognito qui seraient nécessaires pour que je laisse inscrire au crédit d'autrui ce que, en matière de lettres et d'histoire, je puis avoir de talent. »

*

Le 28 août, le Général et Pétain se rencontrent 8, square de Latour-Maubourg. L'entrevue se passe mal.

« De Gaulle, je vous donne l'ordre de me rendre ces épreuves.

– Monsieur le Maréchal, vous avez des ordres à me donner en matière militaire. Pas sur le plan littéraire. »

*

Dédicace de l'exemplaire n° 1 sur vélin pur fil Lafuma.

« Au maréchal Pétain,

« Cet essai, Monsieur le Maréchal, ne saurait être dédié qu'à vous, car rien ne montre mieux que votre gloire quelle vertu l'action peut tirer des lumières de la pensée. »

*

Le 20 juin 1929. Lettre au colonel Lucien Nachin.

« On s'occupe du discours de réception du Maréchal à l'Académie. C'est pour plus tard, le plus tard possible. Il s'agit de faire l'éloge de Foch que l'autre ne pouvait pas sentir ; et réciproquement... »

*

TÉMOIGNAGES

Dans un entretien du 24 septembre 1968 je demandais au général : « Pourquoi situer en 1925 la mort du Maréchal Pétain qui ne devait mourir qu'à quatre-vingt-quinze ans, en 1951 ? »

« En 1925, le Maréchal s'est laissé circonvenir par Briand et par Painlevé, et il a accepté d'eux la mission d'aller, au Maroc, exécuter ce pauvre Lyautey. C'était indigne, il le savait, et pourtant il y a été. Il s'est prêté à cela, lui ! Il l'a fait par ambition, par vanité, et déjà par sénilité – pourtant, il n'avait encore que soixante-neuf ans. Pour moi, il est mort en cette occasion. Hélas ! Qui s'est avisé qu'il n'était plus, dès lors, qu'un mort-vivant ? Et, bien sûr, il ne l'a pas su lui-même. Dans ce naufrage qu'est la vieillesse on est toujours le dernier à savoir que l'on a, dans sa boîte crânienne, un fusible qui a sauté... »

*

À Daniel Rops, alors directeur littéraire de la librairie Plon, au moment de publier La France et son armée *qui lui vaut la colère de Pétain, de Gaulle écrit :*

« Il faut rassurer le vieux Maréchal... et laisser pisser le mérinos... »

*

« C'est par vanité qu'il devint ambassadeur en Espagne, c'est encore par vanité sénile qu'il accepta d'être nommé chef de l'État français après les désastres de juin 1940. »

(D'après François Flohic.)

*

Discours du 3 août 1940. (Parlant de Pétain et Weygand.)

« Les vieillards qui se soignent à Vichy emploient leur temps et leur passion à faire condamner ceux qui sont coupables de continuer à combattre pour la France. »

(D'après Henri Amouroux.)

*

Discours du 12 août 1940.

« Ils [l'ennemi et ses complices] avaient su répandre l'illusion que la présence au gouvernement d'un très vieux maréchal et de vieux généraux vaincus, et vaincus par leur faute, suffirait à neutraliser la haine et l'avidité des vainqueurs. »

(Id.)

*

En août 1944.

« Mon Général, et Pétain ?

– Que voulez-vous que j'en fasse ? Je le mettrai quelque part dans une villa, sur la Côte d'Azur ; il y attendra la mort. »

(D'après Georges Duhamel.)

*

Georges Pompidou :

« Pétain est mort.

– Oui, le Maréchal est mort.

– *C'est une affaire liquidée.*

– Non, c'est un grand drame historique, et un grand drame historique n'est jamais terminé. [...]

« Sa présence fut un grand malheur pour la France. Il a fourvoyé l'État. L'État est quelque chose qui est fait pour contraindre les citoyens. Il ne peut le faire qu'en leur donnant ce qu'il leur doit. Or, il a ruiné l'État. Il a brisé l'Armée. Comment referait-on, aujourd'hui, une armée qui ne s'est pas battue ? Comment referait-on une flotte qui s'est sabordée ? Il a tout empoisonné. Il m'a mis les communistes sur le dos. Il n'en avait pas le droit. Le rôle de l'État n'est pas de pousser vers la bassesse. Ceux qui célèbrent aujourd'hui Pétain le font pour des raisons basses, parce qu'il leur a évité de se battre. Il a sauvé les meubles, mais il ne s'agissait pas de meubles. Il s'agissait de la France *(Un silence.)* Heureusement que j'étais là. »

(D'après Georges Pompidou.)

*

RUMEUR

Dernière grande balade du Général, début juin 1970 : l'Espagne. Il visite Saint-Jacques-de-Compostelle, et à la cathédrale, dans la salle du trésor, Mgr Pelayo lui montre une coupe en or dont le socle s'orne de l'inscription suivante : « En souvenir de mon pèlerinage à Saint-Jacques-de-Compostelle, Philippe Pétain. »

« Lui aussi, je le trouverai donc toujours sur ma route, et jusqu'à la fin !... *(Un temps)*... Il est vrai que le Diable a toujours aimé barboter dans le bénitier !... »

*

Juillet 1958. Une proposition de loi surgit, tendant à enterrer Pétain à Douaumont. Refus net et motivé du Général :

« La tradition est d'enterrer un général dans un cimetière militaire lorsqu'il est mort au combat. Lorsqu'un général meurt vingt ans après sa retraite, dans son lit, il n'y a aucune raison pour qu'il repose auprès de ceux qu'il a commandés. »

VICHY

VU PAR CHARLES DE GAULLE

« Le 17 juin 1940, disparaissait à Bordeaux le dernier gouvernement régulier de la France. L'équipe mixte du défaitisme et de la trahison s'emparait du pouvoir dans un pronunciamiento de panique. Une clique de politiciens tarés, d'affairistes sans honneur, de fonctionnaires arrivistes et de mauvais généraux se ruait à l'usurpation en même temps qu'à la servitude. Un vieillard de quatre-vingt-quatre ans, triste enveloppe d'une gloire passée, était hissé sur le pavois de la défaite pour endosser la capitulation et tromper le peuple stupéfait... »

*

« On vous a fait croire, monsieur le Maréchal, que cet armistice, demandé à des soldats par le grand soldat que vous êtes, serait honorable pour la France. Je pense que maintenant vous êtes fixé. Cet armistice est déshonorant... Ah ! Pour obtenir et pour accepter un pareil acte d'asservissement, on n'avait pas besoin du vainqueur de Verdun : n'importe qui aurait suffi. »

*

Le 4 juillet, le Général est condamné par contumace à quatre ans de prison et cent francs d'amende pour refus d'obéissance.

« Je tiens l'acte des hommes de Vichy comme nul et non avenu. Eux et moi nous nous expliquerons après la victoire. »

*

TÉMOIGNAGES

Alors président du Conseil national de la Résistance, Georges Bidault demande au Général « de proclamer » la République devant le peuple rassemblé, le Général réplique d'une voix forte :

« La République n'a jamais cessé d'être... La France libre, la France combattante, le Comité français de la libération nationale, l'ont tour à tour incorporée. Vichy fut toujours, et demeure, nul et non avenu. Moi-même suis le président du gouvernement de la République. Pourquoi irais-je la proclamer ? »

(D'après Georges Bidault.)

*

17 juin 1941. Le Caire.

« Nous avons tous les droits puisque nous combattons l'ennemi. Contre des Français, nous ne tirons jamais les premiers. En tirant sur nous, Vichy tire sur les mêmes cibles que les Allemands et les Italiens. »

(À la délégation de la France libre.)

*

18 décembre 1940. Cinq jours après le renvoi de Laval.

« Je crois que l'équivoque Pétain-Vichy est en train de se dissiper même pour les aveugles-nés. Bientôt les fantômes et les rêves auront disparu et l'on verra partout, même en Angleterre (!) qu'entre la France vraie et nous, les "gaullistes", il n'y a que l'ennemi... »

(D'après Henri Amouroux.)

*

Henri Frenay et Emmanuel d'Astier déjeunent avec le général de Gaulle qui raconte une anecdote sur son bref séjour dans la zone libérée.

« J'arrivais en voiture dans un village. La population semblait avoir été prévenue. Comment ? Je ne sais... Toujours est-il qu'il y avait beaucoup de monde dans la rue. Les gens criaient ou pleuraient. Tout à coup, une femme, qui avait sans doute coupé des fleurs de son jardin, se précipite vers ma voiture, me lance un bouquet sur les genoux et au comble de l'émotion, me crie "le Maréchal ! "... La force de l'habitude est si grande !... C'était sûrement une bonne Française !... »

(Id.)

*

1940. De Gaulle allait être jugé par un tribunal de Vichy. Dans ce même temps le Général, qui pouvait douter que l'on sût ce que la décision la plus grave de sa vie lui avait coûté, disait :

« Ma mère comprendra. »

(D'après André Frossard.)

*

À propos du discours de réception à l'Académie française d'André François-Poncet au fauteuil du maréchal Pétain.

« Le bouclier ! Il était joli leur bouclier ! Il ne les a pas empêchés d'être occupés jusqu'au trognon, d'aller travailler en Allemagne, d'être déportés, à commencer par François-Poncet, et ce bouclier, il a trouvé le moyen de tirer, mais sur moi et sur les Alliés. Cette bourgeoisie vichyste cherche éperdument à se justifier. »

(D'après Georges Pompidou.)

*

Octobre 1942. Les Alliés reconnaissent officiellement le gouvernement de la France libre, accordant ainsi une légitimité internationale à la Résistance et à de Gaulle. Comme, en conférence de presse, on demande au Général quelles sont ses impressions sur cette reconnaissance et alors qu'on s'attend pour le moins à des remerciements appuyés, il déclare sobrement :

« Le gouvernement français est satisfait qu'on veuille bien l'appeler par son nom. »

LA RÉSISTANCE

VUE PAR CHARLES DE GAULLE

22 avril 1941. Discours prononcé à la radio de Brazzaville.

« Levez-vous ! Chassez les mauvais chefs comme nos pères les ont chassés maintes fois dans notre histoire ! Venez rejoindre notre avant-garde qui lutte pour la libération ! La France, avec nous ! »

*

TÉMOIGNAGES

Le 26 août 1944, à Paris, sont rassemblés Leclerc, Juin, Kœnig, les chefs de la Résistance, les membres du CNR, du CPL, du COMAC, Parodi, Chaban-Delmas, etc. De Gaulle se tourne vers eux et commande :

« Messieurs, à un pas derrière moi. »

À pied, seul en tête sous le tonnerre des applaudissements, il avance.

(D'après Larry Collins-Dominique Lapierre.)

*

Il évoque le sacrifice des marins, des aviateurs, des soldats de la France libre, des hommes de la Résistance, torturés ou fusillés :

« ... En rendant le dernier soupir, vous avez dit : “Vive la France !” Eh bien, dormez en paix ! La France vivra parce que vous avez su mourir pour elle... »

(D’après Henri Frenay.)

*

Le Général s’informait régulièrement, pendant la guerre, des progrès du gaullisme dans tous les départements. Mauvais son de cloche dans la région des Landes.

« Bah ! la récolte de résine va être mauvaise. Ils deviendront tous des résistants. »

(D’après Dominique Leca.)

*

En 1942, à la veille du débarquement allié, Robert Murphy, consul des États-Unis à Alger indiquait dans un rapport au président Roosevelt que, selon ses estimations, Alger ne comptait « pas plus de 10 % de gaullistes ». Six mois plus tard, de Gaulle atterrit sur l’aéroport de Boufarik et se rend dans la capitale où la population l’entoure et l’ovationne. Lorsqu’il paraît au balcon du gouvernement général, les « Vive de Gaulle ! » retentissent. Le consul américain, qui est à ses côtés, laisse échapper sa surprise : « Quelle foule énorme ! » Alors, se tournant vers lui, le Général répond :

– Oui. Ce sont les dix pour cent de gaullistes que vous aviez comptés l’an dernier.

*

Novembre 1940, à Londres. Le Général déjeune à l'hôtel Savoy. Le repas est excellent et, au dessert, le cuisinier français abandonne ses fourneaux pour venir saluer le chef de la France libre et lui dire sa fierté de pouvoir lui serrer la main. De Gaulle, flegmatique, répond :

« J'en ai autant à votre service, car vous êtes un plus grand "chef" que moi... »

(D'après Philippe Ragueneau.)

*

Le 28 juin 1940, de Gaulle reçoit Maurice Schumann, à Londres, et le charge de diverses négociations avec les Alliés. En guise d'ultime consigne, il lui lance :

« Rappelez-vous que jusqu'à nouvel ordre nous sommes trop faibles pour ne pas être *intransigeants*. »

(D'après Maurice Schumann.)

*

RUMEUR

Avril 1943. Après avoir beaucoup hésité, Robert C. vient d'arriver à Londres, via l'Espagne. Il est présenté au Général avec d'autres personnalités, et fait l'emplette dans un magasin spécialisé d'une belle croix de Lorraine qu'il s'épingle au veston. Il se présente au Carlton Gardens, le Général l'accueille et désignant la croix de Lorraine.

« Comme elle est belle ! Comme elle est grande !... Comme elle est neuve !... »

*

Comme l'un de ses rares visiteurs dans le dernier exil de Colombey lui transmettait un message du colonel Rémy, l'ancien agent secret de la France libre, qu'il ne voyait plus depuis que celui-ci avait, publiquement, après la guerre, souhaité la « réconciliation » entre de Gaulle, le glaive et Pétain, le bouclier, le Général se tourna vers Mme de Gaulle.

« Vous vous souvenez, Yvonne, c'est cet homme qui vous a apporté à Londres, pendant la guerre, une azalée de chez Lachaume ! »

*

19 juin 1940. Mme de Gaulle est là, sur un quai de Falmouth où le dernier chalutier en partance de Bretagne vient d'accoster. Bouleversé, Geoffroy de Courcel court en informer le Général.

« Ah ! » *dit-il simplement avec un flegme britannique. Puis se tournant fièrement vers ses premiers et rares compagnons :*

« Ma femme et mes enfants arrivent en renfort. »

*

À l'un des anciens de la France libre qu'il consulte pour la rédaction de ses Mémoires d'espoir, *il feint de s'interroger :*

« Jean Moulin, qui est-ce ? »

*

À l'un des très rares visiteurs de Colombey, après son départ définitif du pouvoir et qui, à propos de ses Mémoires d'espoir, *lui demande son sentiment sur la Résistance, le Général répond, exprès, par une boutade.*

« Les Résistants, s'pas, c'étaient des sportifs ! »

*

Alger 1943. De Gaulle, à qui on a imposé au sein du Comité français de libération nationale la coprésidence de Giraud, reçoit de ce dernier une protestation vexée : celui-ci n'apprécie guère les « vive de Gaulle ! » qui ponctuent leurs apparitions communes en public. « Ne pourrait-on pas interdire de telles manifestations qui nuisent à l'unité de l'Armée ? » De Gaulle approuve :

– En effet. Nous pourrions par exemple prendre une ordonnance enjoignant aux populations de crier exclusivement : « Vive le coprésident du Comité français de libération nationale à tutelle partagée et à responsabilité limitée... »

LA LIBÉRATION

VUE PAR CHARLES DE GAULLE

« Si vous saviez comme vous êtes pareils ! Vous, les enfants, si pâles ! qui trépignez et criez de joie ; vous, les femmes portant tant de chagrin, qui me jetez vivats et sourires ; vous, les hommes, inondés d'une fierté longtemps oubliée, qui me criez votre merci ; vous, les vieilles gens, qui me faites l'honneur de vos larmes, ah ! comme vous vous ressemblez ! Et moi, au centre de ce déchaînement, je me sens remplir une fonction qui dépasse de très haut ma personne, servir d'instrument au destin. »

*

2 mars 1945. Discours à l'Assemblée consultative.

« En pensant aux vastes événements qui ont rempli le peu de temps écoulé depuis l'aurore de notre libération, nous pourrions dire avec quelque étonnement, comme l'Hamlet de Shakespeare aux premières heures du matin : "Le jour est donc si jeune !" »

*

« À la Libération, la faune politicienne me prenait pour un amateur. Et moi, qui pourtant la connaissais, j'étais déconcerté par son incapacité à savoir ce dont elle parlait. La révolution ? Le seul révolutionnaire, c'était moi. Bien sûr, il y avait les communistes, pour qui le mot signifiait la prise du pouvoir par leur parti. Et pourtant, bien des années plus tard, en mai 1968, leur chef a dit à notre ministre de l'Intérieur : "Ne cédez pas !" »

(D'après André Malraux.)

*

Malgré la joie de la Libération, malgré la satisfaction d'avoir maintenu l'ordre dans Paris, de Gaulle pressent alors des lendemains incertains.

« Moi, je me retire... Moi, j'ai une mission ; elle s'achève. Il faut disparaître. La France peut avoir encore besoin un jour d'une image pure. Cette image, il faut la lui laisser. Jeanne d'Arc, si elle était mariée, ce ne serait plus Jeanne d'Arc. Il faut disparaître. »

(D'après Pierre Bertaux.)

*

Louis Vallon est chargé des problèmes économiques au cabinet du Général. Au lendemain de la Libération, il vient résumer à de Gaulle un dossier particulièrement urgent : celui de l'industrie alimentaire.

« Allons ! Vallon, je n'ai pas sauvé la France pour distribuer les rations de macaronis !... »

(D'après Louis Vallon.)

*

RUMEUR

Les Américains n'ont pas jugé bon d'avertir le Général qu'ils débarquaient en Afrique du Nord. En pleine nuit, Billotte estime, lui, que l'importance de l'événement l'autorise à aller tambouriner à la porte du Général.

« Mon Général ! Mon Général ! Ce sont les Américains qui viennent de débarquer en Afrique du Nord !

– Eh bien ! J'espère que... Vichy va les foutre à la mer ! »

*

Louis Vallon, délégué à l'action professionnelle et sociale du RPF et le Général s'entretiennent du temps présent, du passé...

« À Londres, j'étais comme un roc qui venait battre les vagues. Je me retrouve, aujourd'hui, dans la même situation mais, en face de moi, je n'ai plus que des vaguelettes. »

*

Le chef de la France libre retrouve Paris. Impassible, une Craven aux lèvres, la haute silhouette se tient debout sous les balles qui sifflent et ricochent autour d'elle. Au bruit d'une balle qui frappe la malle arrière de la voiture, de Gaulle se tourne vers Geoffroy de Courcel, qui avait quitté Paris avec lui en juin 1940.

« Eh bien, Courcel, au moins nous revenons dans de meilleures conditions que celles dans lesquelles nous sommes partis ! »

*

« Je n'ai jamais rencontré un seul résistant qui ait su mettre ses objectifs au-dessus de son esprit de sacrifice ! »

*

28 mai 1968, il reçoit Christian Fouchet, ministre de l'Intérieur. Le moral n'est pas au beau fixe, Fouchet tente de le réconforter en lui rappelant 1940 et les grandes actions accomplies au service de « Notre Dame la France ».

« Ah ! Notre Dame la France, parlons-en !... Combien étions-nous alors pour la servir ? ... Aujourd'hui, tout type qui, pendant la guerre, a lu un jour, aux cabinets, un tract trouvé par hasard, affirme qu'il a été résistant, et il en est convaincu lui-même !... Et ça a toujours été comme ça !... »

*

Dans le salon de la Boisserie est accroché un tableau qui représente une poignée de soldats de l'an II, misérables, en guenilles, mal armés, mais marchant résolument au combat.

« Ce sont les volontaires de la France libre », *commente le Général.*

« Le 18 juin, ce n'est pas de Radio Stuttgart que j'ai demandé aux Français de me suivre. »

*

Paris en liesse acclame ses libérateurs. Descente à pied des Champs-Élysées, de l'Arc de triomphe à la Concorde, bain de foule rue de Rivoli, messe à Notre-Dame... Le Général, dans la soirée, regagne ses bureaux, au ministère de la Guerre, très fatigué. Et devant Maurice Schumann, qu'il avait convoqué :

« Eh bien, on ne m'y reprendra plus ! »

*

Toulouse, 1945. Le Général reçoit les FFI locaux. Colonels, commandants, capitaines forment une longue haie. Soudain, le Général tombe sur un sergent-chef, insolite de modestie. Le Général :

« Tiens ! Vous ne savez donc pas coudre ? »

*

Dans Paris libéré, le Général reçoit les hommes des réseaux. Ceux-ci dévorent des yeux cet homme pour qui ils ont risqué leur vie, ce symbole pour qui ils ont tué, saboté et incendié.

« Messieurs, je n'oublierai jamais ce que vous avez fait. À l'heure de ma mort, ma dernière pensée sera pour tous ceux qui ont combattu à mes côtés pour que vive la France. En attendant soyez assurés de toute mon in-gra-ti-tu-de. »

*

Jean-Raymond Tournoux remet en mémoire la visite de Paul Ramadier au président du gouvernement provisoire afin que soit inscrit, aux délibérations du prochain Conseil, un exposé sur le ravitaillement et la coordination des transports.

« Et voilà ! Nous venons du 18 juin pour nous occuper des harengs ! »

*

Février 1956. Au vieil ami venu le saluer à la Boisserie, qui le presse de sortir de l'ombre, de se montrer davantage.

« J'ai libéré la France, mon ami, c'est l'essentiel. Que d'autres s'occupent des cérémonies. Il faut bien que tout le monde vive. »

*

Août 1944. De Gaulle prend un bain de foule dans Cherbourg libéré. Une voix de femme surmonte le tumulte : « Vive le Maréchal ! » Le Général se tourne vers son aide de camp.

« Encore une qui ne lit pas les journaux, probablement. »

MAI 68

VU PAR DE GAULLE

« Mai 1968, ou quand les garçons, ne se contentant plus de mettre les pieds sur la table, jettent par la fenêtre la machine à laver de maman, qui ne tourne pas dans le sens de l'histoire, et incendient la bagnole de papa, porteuse d'aliénation... »

*

Mars 1968. Prémices à Paris d'une agitation qui ne fera que grandir. Christian Fouchet, ministre de l'Intérieur, s'en inquiète.

« On traite les CRS de SS... On leur crache dessus... Ils ne vont pas le supporter éternellement et je crains leurs réactions. (Il se tourne vers le Général.) Qu'est-ce qu'il faut faire ?

– Vos CRS, ils ne peuvent pas cracher, eux ? »

*

9 septembre 1968. Conférence de presse au palais de l'Élysée.

« ... Grâce à la mise en condition de l'opinion publique – n'est-ce pas, messieurs les journalistes ! –

par la grande majorité des organes de presse et de radio auxquels ne rapportent et, par conséquent, pour lesquels ne comptent que les faits scandaleux, violents, destructeurs ; grâce à l'état d'esprit de certains milieux intellectuels, que les réalités irritent d'autant plus qu'elles sont rudes, qui adoptent en tous domaines, littéraire, artistique, philosophique, l'esthétique de la contradiction et qu'indispose automatiquement ce qui est normal, national, régulier ; grâce à l'étrange illusion qui faisait croire à beaucoup que l'arrêt stérile de la vie pouvait devenir fécond, que le néant allait, tout à coup, engendrer le renouveau, que les canards sauvages étaient les enfants du bon Dieu[7]. »

*

TÉMOIGNAGES

Quelqu'un dans l'entourage du préfet de police suggère de distribuer des cartouches aux agents. Christian Fouchet y est formellement opposé mais transmet quand même la suggestion au Général.

« Je n'ai pas fait tirer sur Challe, je n'ai pas fait tirer sur Jouhaud, je n'ai pas fait tirer sur Salan, tous plus cons les uns que les autres ! Je ne ferai pas tirer sur mon petit-fils qui n'est pas bête, lui. »

(D'après Christian Fouchet.)

*

7. Formule empruntée à Michel Audiard.

De retour d'Afghanistan, le 11 mai 1968, Georges Pompidou décide la réouverture de la Sorbonne. Le Général excédé et fatigué n'objecte pas mais se reprochera longtemps cette « capitulation ». Le 21 février 1969, il confiera à Christian Fouchet :

« La réouverture de la Sorbonne, ce n'était pas du De Gaulle, c'était du Pétain. »

(Id.)

*

« Que voulez-vous que je fasse de cette France qui s'aplatit, de cette vachardise ? ... Que voulez-vous que je fasse au milieu des veaux ? ... »

(D'après Alain de Boissieu.)

*

Été 1968. Le « putsch des capitaux » ; l'argent est placé en Suisse et surtout en Allemagne.

« Nos trouillardes "élites" sont éternellement semblables à elles-mêmes : elles ne cessent jamais de faire dans leur culotte... Jadis, par peur des bolcheviques, elles se sont frileusement jetées dans les bras des Boches, et ç'a été la collaboration... Aujourd'hui, d'instinct, elles reprennent la même direction : elles vont terrer leurs écus de l'autre côté du Rhin. »

(D'après Joël Le Theule.)

*

« En cinq jours, dix ans de lutte contre la vachardise ont été perdus. En cinq jours, on est revenu aux pires jours de la politicaillerie ! Il est vrai que depuis six ans on n'a rien fait, on n'a rien prévu, on s'est contenté de vivre à la petite semaine... Ah ! Quand je ne serai plus là, ce sera joli... »

*

« Ils sont jeunes et veulent que le sang coule. Tout bien réfléchi, je crois que vous les désarmerez simplement en ne les tuant point. »

*

Mai 1968. À Paris et dans une partie de la France, tous les barrages institutionnels semblent sur le point de sauter. Le fidèle Edmond Michelet compare la situation à la catastrophe de décembre 1959 : l'effondrement du barrage de Malpasset. De Gaulle, désemparé, semble abonder dans ce sens :

« Avouez que, face à de tels cataclysmes, nul ne pourrait rien... même le pape !...

– *Mais, mon Général, vous avez résisté à bien pis que cela !... En comparaison de notre effondrement de 1940...*

– Ouais !... Mais, en 1940, j'étais adossé à l'Angleterre...

– *Aujourd'hui, en 1968, vous êtes adossé à la France...*

– Adossé, adossé, vous me la baillez belle !... C'est la France qui est adossée à moi... pour me flanquer dans le précipice !... Vous me prenez pour Atlas portant le monde sur ses épaules ?… Pauvre Atlas !… Quand il eut soixante-dix-sept ans, comme moi aujourd'hui, il périt sans doute écrabouillé par l'énorme caillou qu'il avait si longtemps charrié sur son dos !… »

*

Le 29 mai 1968. En pleine émeute de Gaulle « disparaît ». Le 30 mai, il réapparaît. Pompidou digère mal de n'avoir pas été informé et le reproche au chef de l'État.

« Au moins, vous saurez maintenant, tout comme moi en juin 40, ce que c'est que d'être seul avec la France sur les bras… »

LA JEUNESSE, L'ÉCOLE

VUES PAR CHARLES DE GAULLE

« Il n'y aurait pas de liberté de l'enseignement s'il n'y avait pas d'école libre. »

*

TÉMOIGNAGES

« Il faut préparer la jeunesse à affronter les épreuves sans tricher et tâcher de la convaincre, s'il y a plusieurs issues dans les difficultés, qu'il ne faut pas choisir la voie la plus facile, mais, au contraire, la plus ardue : elle ne sera pas encombrée. »

(D'après Jean d'Escrienne.)

*

« Un danger dont ils doivent se méfier, c'est de se laisser gagner par le rêve : qu'ils prennent garde, comme leur conseillait Kipling, que celui-ci ne devienne pas leur maître... »

(Id.)

*

« C'est purement négatif de toujours remettre tout en cause, c'est, en somme, “la marque des faibles, des incapables”. »

(Id.)

*

« Mes jeunes amis, vous n'avez encore rien fait tant que vous n'êtes pas morts pour la France. »

(D'après Pierre Lefranc.)

*

À son fils Philippe qui, collégien, craint de lui présenter une mauvaise note, Charles de Gaulle livre sa conception du mérite :

« Cela m'est égal que tu n'aies qu'un demi-point... si les autres ont zéro. »

(D'après Claude Guy.)

*

En visite à Auxerre, le président de la République reçoit les honneurs d'un cortège d'enfants, rameutés par les autorités laïques et religieuses des environs. Présent, le ministre de l'Industrie, qui prévoit l'avancée du chômage, s'inquiète à voix haute :

« Mon Dieu ! Qu'allons-nous bien pouvoir faire de tous ces gosses ? »

Alors de Gaulle, rire en coin :

« Eh bien ! nous irons envahir la Chine... »

(D'après Philippe Ragueneau.)

*

RUMEUR

« Et comment va votre fils ? *demande, paternel, le Général à un intime.*

– *Pour dire vrai, il me cause des soucis. Dix-huit ans est l'âge où l'on trouve tout stupide ! D'abord ses parents. Ensuite le monde entier.*

– Eh bien ! C'est l'âge où l'on a raison ! Du moins en ce qui concerne le monde ! »

LE COMMUNISME

VU PAR CHARLES DE GAULLE

Le sens de la formule :

« ... Cette poignée de bourgeois nantis et cossus qui constituent le Comité central du parti communiste français... »

*

TÉMOIGNAGES

« Dans le monde entier, il y a un adversaire, c'est le communisme. Il n'y a que l'armée française qui peut se battre actuellement contre le système communiste. Nous ne sommes pas morts. C'est la raison pour laquelle nous ne supportons pas le régime dans son esprit qui consiste à composer, à se coucher, à subir, parce qu'il est en contradiction avec la position de la France. Nous voulons un régime viril. »

(D'après André Astoux.)

*

« Chaque fois que les communistes ont un des leurs qui fait sa première communion, ils lui ordonnent d'être chrétien progressiste, et ils le sont, et ils chantent "Catholiques et Français toujours". »

(D'après Georges Pompidou.)

*

RUMEUR

1965. Entretien avec Nicolas Podgorny, président du Praesidium du Soviet suprême.

« Reconnaissez, monsieur le Président, que nous avons fait la révolution avant vous... »

Podgorny : « Oui, mais nous, nous l'avons maintenue.

– Après la révolution, il y a l'évolution. Et, à cela, vous n'échapperez pas. »

*

28 octobre 1944. Dissolution des « milices patriotiques », largement dominées par le parti communiste. À ceux de son entourage qui s'inquiètent des réactions du PC :

« Les communistes ne sont pas dangereux. Tout au plus des roseaux peints en fer... Et puis on ne fait pas de révolution sans révolutionnaires ! Et il n'y a qu'un révolutionnaire, en France : c'est moi. »

LE FASCISME

VU PAR CHARLES DE GAULLE

« Je déclare que la chute de Mussolini, signe de la défaite certaine de l'Axe et preuve de l'échec du système fasciste, était pour la France la première revanche de la justice. L'exemple de Mussolini s'ajoute à l'histoire de tous ceux qui outragèrent la majesté de la France et que le destin a châtiés. »

*

« Mussolini : il a été grand tant qu'il a servi l'instinct national italien. Il n'y a pas de grande action qui ne réponde à un grand instinct national. Le jour où il a fait le jeu d'Hitler et trahi les peuples latins, il a été perdu. Sans doute pensait-il ruser ? »

LES POLITICIENS

VUS PAR CHARLES DE GAULLE

Petit poème en prose du Général, dans le dernier de ses Carnets (1947-1953) :

« Politiciens de l'impuissance.
Radiodiffuseurs du sommeil.
Stylographes de la décadence.
Farfadets de la décadence... »
et deux lignes plus bas :
« Les baladins de la politique.
La politique de la guitare... »

*

5 octobre 1947. Meeting à l'hippodrome de Vincennes.

« Les partis, qui ont bâti sur eux-mêmes le régime sous lequel nous vivons, cherchent, comme il est naturel, à persévérer dans leur être, et s'efforcent de prolonger le système selon lequel chacun cuit sa petite soupe, à petit feu, dans son petit coin... »

*

Novembre 1962.

« Nous voilà tranquilles pour plusieurs années. Je voulais briser les partis. J'étais le seul à pouvoir le faire et le seul à croire la chose possible au moment que j'ai choisi. J'ai eu raison contre tous. J'ai déclaré la guerre aux partis. Je me garde bien de déclarer la guerre aux chefs des partis. Les partis sont irrécupérables. Mais les chefs de partis ne demandent qu'à être récupérés.

« Il leur suffit de récupérer un portefeuille. »

« J'ai remis le train sur les rails ; on veut m'empêcher de le conduire comme il faut. Au régime des partis, puisqu'on le veut, de faire ses preuves. Ils s'imaginent qu'on peut gouverner avec des palabres. Eh bien, qu'ils essayent ! »

*

TÉMOIGNAGES

« Nous avons un gouvernement de fantoches. Je dis de politichiens, oui, de politichiens... Des polis-petits-chiens... »

(D'après Louis Vallon.)

*

Entre 1946 et 1958 « le régime des partis » donne toute la mesure de son inaptitude à gérer les affaires de la France, le Général ne décolère pas.

« Ces tristes joueurs d'une sombre comédie, ces danseurs d'un ballet d'ombres chinoises, ces neurasthéniques à vie, ces trotte-menu de la décadence, ces chevrotants de l'abandon, ces fuyards professionnels, ces aigrefins, ces débrouillards de la déchéance, ce chloroforme de l'euthanasie nationale, ces cloportes de marécages, ces coureurs de maroquins, ces voraces qui se mangent la laine sur le dos les uns des autres... »

(D'après Jean-Raymond Tournoux.)

*

« Le système actuel des partis interdit le gouvernement. Chaque ministre ne songe qu'aux intérêts de son parti et jamais, jamais, à celui de la France. C'est la même chose en tous domaines. Que pourrais-je faire ? Bonaparte, Napoléon III étaient suivis de l'immense masse du peuple. Je n'avais personne, en dehors de quelques amis, pour me suivre. Je pense qu'avec le temps on comprendra. On comprend déjà. »

(D'après Hervé Alphand.)

*

« Ils entrent au RPF pour avoir des voix, ils en sortent pour avoir des places. »

(D'après Olivier Guichard.)

*

Février 1946.

« Ce qu'il faut, c'est que les partis crèvent... Et il n'y a qu'à laisser faire : ils crèvent seuls. »

(D'après Claude Guy.)

*

Juin 1946. Au cours d'une discussion privée où ses proches lui exposent la situation politique du pays et où chacun espère le voir entrer dans le jeu, de Gaulle oppose son refus :

– Quant à mon éventuel retour au pouvoir, les partis, certes, ne demandent que cela... mais pour mieux m'étrangler.

(D'après Claude Guy.)

*

1965. À l'approche de la présidentielle, au cours d'un dîner, le Général donne son avis sur les candidats en lice :

« Mitterrand ? Un homme des partis, des compromis, des coalitions, des combinaisons. Defferre, lui au moins, s'adresse aux Français en dehors des partis en leur disant : Votez pour moi, car, moi, je suis un grand homme... Je suis comme de Gaulle. »

(D'après Claude Guy.)

*

« Il y a deux choses affreuses chez les vieillards : c'est l'égoïsme et l'amour. Herriot lui a l'égoïsme ! »

(D'après Claude Guy.)

*

Mars 1948. De Gaulle, en retrait, s'amuse de l'agitation parlementaire.

« Vous allez voir, à nouveau il va y avoir des trahisons. Seulement, cette fois-ci, ce n'est plus moi qu'ils vont trahir, pour l'excellente raison qu'ils ne le peuvent plus. Alors, eh bien, alors, ils vont être forcés de se trahir *entre eux*. »

(D'après Claude Guy.)

*

Août 1962. Répondant à un chef d'État étranger qui lui demande des nouvelles de Jean Monnet :

« Il fait un excellent cognac. Malheureusement, cette occupation ne lui suffit pas. »

(D'après Alain Peyrefitte.)

*

1963.

« La droite, c'est routinier, ça ne veut rien changer, ça ne comprend rien. Seulement, on l'entend moins. Elle est moins infiltrée dans la presse et dans l'université. Elle est moins éloquente. Tandis que la gauche, c'est bavard, ça a des couleurs. »

*

RUMEUR

« Je n'aime pas les socialistes parce qu'ils ne sont pas socialistes. Je n'aime pas les MRP parce qu'ils sont MRP. Je n'aime pas mes partisans parce qu'ils aiment l'argent... »

*

Louis Vallon, leader des gaullistes de gauche, tente de majorer l'importance de son petit mouvement l'UDT et de minorer d'autant l'UNR.

« Vous avez raison, Vallon, votre croquis est de bonne politique : la puce doit toujours être dessinée plus grosse, et l'éléphant plus petit !... »

*

« Comment peut-on être ministre et dîner en ville ? Il est vrai que s'il en était autrement... il n'y aurait plus de ministres. »

*

Un vieux ministre savonne la planche d'un jeune collègue. À l'en croire, les scrupules n'étouffent pas le nouveau venu.

« Voilà qui est... réconfortant. Je croyais les ministres capables de rien. Ça change d'en avoir un... capable de tout ! »

*

« Pour eux *(la fraction conservatrice de l'UNR)* vous autres, la gauche gaulliste, vous serez toujours la merde de l'andouillette : il en faut un peu pour donner du goût, mais quand il y en a plus qu'un zeste, ça fait vomir... »

*

Sur le poujadisme :

« De mon temps, les épiciers votaient pour les notaires. Mais voilà qu'aujourd'hui... les notaires se mettent à voter pour les épiciers. »

*

1946. Pendant l'été, le MRP prend ses distances vis-à-vis du Général. Un député MRP lui expose les états d'âme de son parti. Après l'entretien le Général confie :

« Ces braves MRP !... Toujours les mêmes... Ils trichent mais ils coupent à cœur. »

*

6 juillet 1952. Vingt-six députés quittent le RPF. D'autres prennent leurs distances en protestant néanmoins de leur fidélité !

« Et dire qu'ils me quittent sous le prétexte de me porter plus vite au pouvoir !... Au train où vont les choses, ils y seront bien avant moi... »

*

Pendant la « traversée du désert », un ancien député, venu saluer le Général à la Boisserie, lui commentait la composition du nouveau gouvernement :

« Et puis, naturellement, il y a trois radicaux...

– Les radicaux ? Les radicaux sont les conservateurs... Pas les conservateurs des traditions : les conservateurs des abus... »

*

Aux élections municipales d'octobre 1947, le RPF bénéficie d'une énorme vague électorale, et certains membres de la direction du mouvement pressent de Gaulle de « franchir le Rubicon ».

« Vouloir me faire franchir le Rubicon ?... Rien de plus con !... Nos aventuristes qui proposent ça à cor et à cri devraient bien savoir que nous sommes espionnés en permanence, et qu'ils apportent de l'eau au moulin de ceux qui aimeraient bien me coffrer pour sédition, et qui s'empresseraient de le faire si je m'approchais un tant soit peu du maudit fleuve, même un simple attirail de pêche à la main !... »

*

Janvier 1965. À un haut fonctionnaire qui cherche à se placer dans les petits papiers du Général par une formule maladroite : « Je suis du bois dont on fait les ministres. »

– Eh bien, quand j'aurai besoin d'un ministère en bois, je penserai à vous.

*

1962. Roger Frey tente de dissuader le Général d'organiser des élections anticipées. Argument parmi d'autres du ministre de l'Intérieur : « L'O.A.S. pourrait même arriver à assassiner au moins cinquante députés U.N.R ! »

– Qu'importe, Frey ! Pourvu qu'ils soient bien choisis !

*

1964. La grève des mineurs s'étend. Le ministre de l'Industrie en informe directement le Général et ajoute : « À ce propos, j'aurai une communication à faire au Conseil des ministres. Mais elle doit rester totalement confidentielle. »

– Totalement confidentielle ? Alors ne la faites pas.

*

Janvier 1968.

« Les centristes forment un conglomérat sans projet aucun : ils ne sont ensemble que parce qu'ils sont contre moi. »

« Je préfère un homme dont je sais qu'il a été une fripouille à un homme dont j'ignore s'il ne va pas devenir une fripouille. »

*

Mai 1962. Départ des ministres MRP et centristes du gouvernement. Au Conseil suivant, alors que les présents s'attendent à voir le Général affecté, il se contentera d'un commentaire amusé :

« Nos rangs se sont éclaircis. Eh bien ! la situation aussi. »

– *Mon Général, pour qui faut-il voter ?*

– Sachez qu'on ne vote jamais pour quelqu'un mais contre quelqu'un.

*

Mai 1958. Personnalités politiques et présidents de groupes parlementaires viennent rendre visite au Général : le gouvernement est à former. À son aide de camp, qui se répand en excuses pour s'être trompé de nom en lui présentant un visiteur :

« Vous êtes tout excusé Bonneval : ils sont tous pareils. »

*

1964. À l'Assemblée nationale, Robert-André Vivien qualifie vertement les manœuvres de l'opposition de « pièges à cons ». Le lendemain, le Général le croise.

« Alors, Vivien, à quand l'Académie française ? »

*

Sur Pierre Mendès France.

« Ce pauvre Mendès. Son pire ennemi, c'est lui-même. »

*

« *Que pensez-vous de Vincent Auriol ?*

– Avez-vous vu le calendrier ? Oui ? Alors, mon ami, je vous répondrais simplement que nous sommes dans la "semaine de bonté". »

*

1947. À propos des MRP.

« Je ne peux pas dire que je les déteste. On peut détester Hitler, ou Staline. On ne peut pas détester le néant. »

*

1956.

« Il [le régime] perdra tout. Il a perdu l'Indochine, la Tunisie, le Maroc. Il perdra l'Algérie et le Sahara. Le système perdra aussi l'Alsace, la Lorraine, la Corse, la Bretagne. Il nous restera l'Auvergne, parce que personne n'en voudra. »

*

1959. De son ministre Bacon (1 m 60, 53 kg).

« Il n'est vraiment pas encombrant. »

*

D'un ministre au verbe un peu trop haut :

« C'est un porte-avions avec un moteur de Vespa. »

*

Juin 1943, à Alger. André Philip vient se rallier au Comité français de libération nationale. Il débarque au Palais d'Été en chemisette déboutonnée, short et chaussettes basses. De Gaulle, voyant arriver ce grand gaillard velu, lui serre la main puis lance :

« Vous avez, je crois, oublié votre cerceau... »

L'ARMÉE

VUE PAR CHARLES DE GAULLE

« Les armes ont cette vertu d'ennoblir jusqu'aux moins purs. »

*

1933. Le Soldat de l'Antiquité :

« L'hoplite des Thermopyles tire l'épée pour obéir aux lois de Lacédémone, le centurion des Gaules n'attend que l'éloge de César, mais leurs mérites sont équivalents qui les portent au même sacrifice. Hélas ! Deux soldats morts se ressemblent tant ! »

*

1925 dans Le Soldat.

« Il est vrai que parfois des militaires, s'exagérant l'impuissance relative à l'intelligence, négligent de s'en servir. »

*

« Et dans vos *Voix du silence*, Malraux, allez-vous inclure l'art et les vertus militaires ?

– ...

– Alors, comment voulez-vous comprendre la Grèce sans Salamine ? Et Rome sans les légions ? Et la chrétienté sans l'épée ? Et l'islam sans le cimeterre ? Et la Révolution sans Valmy ? »

(D'après André Malraux.)

*

3 novembre 1959. Discours au Centre des hautes études militaires.

« Ceux qui veulent se disposer à être des chefs de guerre ont donc pour premier devoir de s'efforcer d'être des hommes, des hommes dignes et capables de répondre, dans des conditions insoupçonnées, au drame qui fondra sur eux et où ils seront responsables, chacun à son échelon. »

(D'après Jean Lacouture.)

*

« Lorsqu'on presse les états-majors de faire des économies, il faut les empêcher de les faire sur les haricots du soldat. »

(D'après Claude Guy.)

*

Le maréchal Juin était l'un des très rares militaires à tutoyer de Gaulle. Comme il lui avait demandé sa photographie dédicacée, le Général avait fini par y consentir. L'écrit lui étant toujours sacré, il avait tenu à ce que la phrase correspondît à son véritable état d'esprit. De sa plus belle plume, il traça les mots que voici :

« Au maréchal Juin, qui a su saisir la victoire... quand elle s'est présentée. »

Et il confia à l'un de ses proches :

« Comme ça, il ne mettra pas la photographie sur son piano ! »

Puis, quelque temps plus tard, il corrigea devant un visiteur.

« Je m'étais trompé. Il l'a mise. »

*

À l'annonce de l'attaque japonaise sur Pearl Harbor, le général de Gaulle aurait confié au colonel Passy, chef de son service de renseignements :

« Les Allemands ont perdu la guerre. C'est la General Motors qui va la gagner. »

*

Pendant les trois jours de l'offensive victorieuse des blindés du Général dans la Somme, un officier déplore les exactions de la troupe.

« Mon Général ! C'est intolérable ! Les soldats vont jusqu'à dépouiller de leurs bottes les Allemands pris au combat !

– Eh bien !... Ils ont raison ! Quand on est prisonnier... on n'a pas besoin de chaussures ! »

*

Le Général ne supportait pas le désordre d'une revue militaire.

« Voilà... Et il y a deux mille ans que ça dure... »

*

1945. Au terme d'une remise de décorations aux Invalides.

« Nous devrions nous inspirer de l'exemple des Chinois, qui sont seuls à connaître le bon usage des décorations militaires : ils les cousent dans le dos de ceux qui en bénéficient, de telle sorte que ceux-ci, quand ils prendront la fuite devant l'ennemi, ne soient pas poursuivis, ayant au dos la preuve de leur bravoure... »

*

« La pire calamité après un général bête... c'est un général intelligent. »

*

Des parachutistes :

« Quels soldats ! Dommage que les emmerdements qu'ils causent soient encore plus grands que leurs succès. »

*

Des marins :

« C'est utile la flotte ! Quand ça va mal, les marins descendent à terre et rétablissent l'ordre. Quand ça va bien, les marins descendent à terre... et engrossent les filles. »

*

À un groupe de jeunes officiers :

« Foutez-moi la paix avec votre guerre subversive ! On ne peut à la fois manier la mitraillette, monter en chaire, et donner le biberon ! »

*

« L'Armée ? Chaque fois qu'elle s'occupe de politique, elle ne fait que des conneries. Boulanger, La Rocque, Pétain... Elle n'a pas à s'en occuper... Faites en sorte qu'elle n'ait pas à le faire... »

*

Une chasse à Rambouillet. Suit l'habituel déjeuner et l'un des invités :

« Ah, mon Général, la chasse ! Que d'émotions !... C'est vraiment comme la guerre !

– Oui... À une différence près, cependant : à la guerre, le lapin tire. »

*

Dans la nuit du 10 au 11 mai 1968, Paris se couvre de barricades. Peyrefitte, ministre de l'Éducation nationale, se précipite à l'Élysée.

« Mon Général, c'est la guerre !

– Non, Peyrefitte. La guerre, je la connais. Ce n'est pas une bagarre d'écoliers. Et, ne le répétez pas : la guerre c'est surtout bien plus rigolo. »

*

À propos du maréchal Montgomery.

« Ce n'est pas un soldat, c'est un acteur. Mais il joue tellement bien la comédie du chef qu'il arrive à s'identifier à son personnage. »

*

1959. À Guillaumat, qui s'inquiète de ce que pensera l'Armée de certaines mesures.

« Donnez à l'Armée des tâches : elle pensera moins. »

*

1961. Au lendemain de l'insurrection d'Alger, le catastrophisme et parfois la panique règnent et de Gaulle est un des rares à ne pas avoir cru au coup d'État.

« Ce sont des militaires, ils vont s'empêtrer. »

Il oppose même le sarcasme aux inquiétudes de Roger Frey :

« À votre avis, monsieur le ministre de l'Intérieur, dois-je quitter l'Élysée tout de suite ? Ou bien seulement lorsque messieurs les parachutistes en franchiront les grilles ? »

Il confiera tout de même à un compagnon :

« Savez-vous ce qui est grave dans cette affaire ? C'est que ce n'est pas sérieux. »

*

1944. À un général américain qui vint lui présenter des griefs contre le caractère « aventureux et indiscipliné » de Leclerc.

« Leclerc a toujours fait ce que je lui demandais, même quand je ne lui demandais rien ! »

*

1943. À Alger, au cours d'un dîner où le général Giraud raconte en l'embellissant, et pour la énième fois, son évasion d'une forteresse allemande, de Gaulle que le coprésident du Comité français de libération nationale irritait au plus haut point, lui demande sournoisement :

« Et si vous nous racontiez, maintenant, comment vous avez été fait prisonnier ? »

LES DIPLOMATES

PAR CHARLES DE GAULLE

« Les diplomates ne sont utiles que par beau temps fixe. Dès qu'il pleut, ils se noient dans chaque goutte. »

*

RUMEUR

Devant les ministres somnolents, Couve de Murville récite son exposé hebdomadaire de politique « internationale » : « La démarche énergique qu'a effectuée notre ambassade auprès du gouvernement de la République fédérale allemande [...] la ferme représentation que j'ai faite au représentant de Sa Majesté britannique [...] le fructueux échange de vues... »

« Monsieur le ministre des Affaires étrangères, ayez donc l'obligeance de bien vouloir cesser d'enfoncer des portes ouvertes en nous faisant croire que ce sont des arcs de triomphe ! »

*

« Pour un militaire, céder à un pays étranger c'est trahir. Pour un diplomate, c'est... faire une bonne manière à un collègue. »

*

Le diplomate Henri Hoppenot a d'abord servi le régime de Vichy puis a rallié de Gaulle. Fin 1942, il donne à New York une conférence ultrapatriotique, et a ce magnifique lapsus : « Le maréchal de Gaulle est la France, et tout ce qui touche au Maréchal touche à la France !... »

Réaction :

« Ces diplomates sont impayables !... Décidément, il n'y a pas que les militaires qui soient toujours en retard d'une guerre !... Mais, après tout, nous sommes peut-être tombés sur l'oiseau rare : un diplomate ayant, sans le vouloir, un peu d'avenir dans l'esprit !... »

*

Début janvier 1969, un ministre suggère que, dans tous les postes diplomatiques, les ambassadeurs devraient se mobiliser pour donner, à une phrase mal interprétée, l'explication de texte qui convient.

« Vous rêvez !... Nos diplopotames sont trop à l'aise, dans leur vase, pour lever le petit doigt en faveur de la politique de leur pays, dès lors qu'elle dérange !... Voilà deux mille ans que je les vois à l'œuvre : officiellement, ils me défendront avec une moue dégoûtée, et en douce, comme en 67, ils laisseront entendre que je suis complètement zinzin ! »

*

Début des années 60, lors d'un conseil de défense.

Un général : « Nous devons nous opposer aux menées de l'internationale communiste en Afrique.

– Foutez-moi la paix avec votre internationale communiste !... Je ne connais de puissante que l'internationale... des diplomates. »

*

« Cet homme aurait été un grand... s'il n'était pas un diplomate. »

*

Décembre 1920. Note d'un carnet personnel :

« La diplomatie est l'art de faire durer indéfiniment les carreaux fêlés ! »

*

1964. On annonce avec inquiétude au général la venue à Paris d'un nouvel ambassadeur d'U.R.S.S., Zorine, supposé moins accommodant que le précédent.

« Ne vous en faites donc pas. Il finira Chevalier du Tastevin et grand-maître du Camembert, comme les autres. »

*

1966. À Moscou, une réception est donnée en l'honneur de De Gaulle qui prononce un discours... au cours duquel les ambassadeurs U.S. et anglais poussent l'indélicatesse jusqu'à tourner le dos à l'orateur pour plonger leur attention sur le buffet ! Alors que, plus tard, son aide de camp s'indigne, le Général se montre lui magnanime :

« Bah, ils s'expriment en anglais, ils vivent chez les Russes... Ils ne doivent pas comprendre le français. On ne peut pas tout savoir... »

L'EUROPE

VUE PAR CHARLES DE GAULLE

Conférence de presse du 15 mai 1962 contre l'Europe supranationale et pour « l'Europe des États ». Thème: l'identité nationale ne saurait être dissoute au sein de l'Union européenne.

« Dante, Goethe, Chateaubriand appartiennent à toute l'Europe dans la mesure même où ils étaient respectivement et éminemment italien, allemand et français. Ils n'auraient pas beaucoup servi l'Europe s'ils avaient été des apatrides et s'ils avaient pensé, écrit en quelque espéranto ou volapük intégré. »

*

Saint-Maur, juillet 1952.

« On ne fera pas l'Europe si on ne la fait pas avec les peuples et en les y associant. Or, la voie que l'on suit est complètement différente. On s'enferme dans des comités. On élabore des techniques. On se réunit dans des conseils entre augures intéressés. Mais les peuples n'y sont pas ! »

*

15 mai 1962. Conférence de presse.

« Est-ce que le peuple français, le peuple allemand, le peuple italien, le peuple hollandais, le peuple belge, le peuple luxembourgeois songeraient à se soumettre à des lois que voteraient des députés étrangers, dès lors que ces lois iraient à l'encontre de leur vérité profonde ? »

*

14 décembre 1965. Deuxième entretien télévisé avec Michel Droit.

« Il faut prendre les choses comme elles sont, car on ne fait pas de politique autrement que sur les réalités. Bien entendu on peut sauter sur sa chaise comme un cabri en disant : "L'Europe ! l'Europe ! l'Europe !", mais cela n'aboutit à rien et cela ne signifie rien. Je répète : il faut prendre les choses comme elles sont. »

*

TÉMOIGNAGES

« Môssieur Maurice Faure veut un gouvernement européen. C'est la seule chance qui lui reste de devenir ministre ! »

(D'après Jacques Vendroux.)

*

RUMEUR

Londres. Le Général traverse le bureau de ses aides de camp. Il s'arrête derrière un officier penché sur une carte de l'Europe. L'officier entend dans son dos la voix célèbre :

« Perdez votre temps, mon vieux ! Feriez mieux de réfléchir sur une mappemonde ! »

*

Les socialistes viennent de déclarer que la conquête de l'espace ne doit pas intéresser l'Europe unie.

« Les volapüks ont raison. Pourquoi chercheraient-ils à aller dans la lune ? ... Ils y sont déjà ! »

LA RUSSIE, LES RUSSES

VUS PAR CHARLES DE GAULLE

Ouverture vers l'Union soviétique, dont le point culminant fut la visite de De Gaulle à Moscou, en juin 1966, grand succès personnel qui a donné naissance à un certain folklore, comme le remarque Alexandre Werth.

« Je suis très content que l'existence de l'Union soviétique écarte le danger d'hégémonie américaine, comme je suis content que les États-Unis soient là pour écarter le danger d'hégémonie soviétique. »

Les Russes trouvèrent que c'était là une manière agréable de dire les choses et rirent de bon cœur, comme s'il s'agissait d'une plaisanterie.

*

TÉMOIGNAGES

9 juillet 1966.

« La Russie, c'est la Russie. La Chine, c'est la Chine. Il n'y a pas davantage d'unité du monde communiste qu'il n'y avait d'unité du monde chrétien lorsque François 1er avait conclu alliance avec le Grand Turc. »

(D'après Jean-Raymond Tournoux.)

*

« Si les Français de Napoléon étaient restés à Moscou, il n'y aurait pas eu Staline. »

(D'après Louis Terrenoire.)

*

Décembre 1944, au Kremlin, le Général signe le pacte franco-soviétique. Après le banquet, de Gaulle est allé se coucher. Staline envoie quelqu'un le réveiller : il entend lui montrer un film. Le Général descend dans la petite salle du Kremlin. Film patriotique, avec les soldats allemands qui tombent en gros plan l'un après l'autre. À chaque mort, la main de Staline se crispe sur la cuisse du Général.

« Quand j'ai jugé qu'il m'avait fait assez de bleus, j'ai retiré ma jambe... »

(D'après André Malraux.)

*

À propos de Krouchtchev.

« C'était un propagandiste, il avait été choisi pour cela. Il lisait les discours qu'on lui avait préparés, puis il s'en échappait et ses propos avaient de l'originalité et du piquant. »

(D'après Alain Peyrefitte.)

*

1954. Vinogradov, ambassadeur d'U.R.S.S. en France, qui voue une grande admiration au général de Gaulle, souhaite ardemment obtenir parmi les premiers une dédicace des Mémoires de Guerre *par son illustre auteur.*

Il demande audience qui lui est accordée et se rend à La Boisserie. L'invité semble heureux mais craint également ses maîtres, au point de se lancer dans une explication compliquée. L'hôte, compréhensif, abrège les souffrances du diplomate russe en lui coupant la parole :

– Je crois que j'ai compris, Monsieur l'Ambassadeur... En fait, c'est des Chinois dont vous avez peur.

(D'après Philippe Ragueneau.)

*

RUMEUR

15 novembre 1950. Conseil de direction du RPF : le Général à propos du départ pour l'U.R.S.S. de Maurice Thorez, malade, départ si soudain qu'il a pris l'allure d'un enlèvement :

« C'est la riposte de Moscou au dogme de l'Assomption ! »

*

1958. À Matignon, permanence de nuit, l'heureux élu dînait en compagnie du Général et de Mme de Gaulle. Le lendemain au petit déjeuner le Général interroge le chargé de la permanence.

« On ne vous a pas trop embêté ?

– *Pas trop, mon Général. La routine... Un coup de fil de notre ambassadeur à Moscou, vers minuit...*

– Ah ! Les Russes nous déclarent la guerre ?

– *Pas encore, mon Général.*

– Alors on a le temps de finir les toasts. »

*

15 mai 1960. Khrouchtchev est à Paris pour participer à une conférence au sommet, de Gaulle commente la séance auprès de ses collaborateurs.

« Je ne sais pas si le successeur de Khrouchtchev sera marxiste, léniniste, maoïste ou – peut-être – capitaliste. Mais je suis sûr d'une chose : il sera russe. »

*

De Gaulle est agacé par la persistance avec laquelle les dirigeants soviétiques exposent, sans changer une virgule, leurs thèses immuables sur les problèmes politiques.

« Je vous remercie, monsieur le Président, de votre intéressant exposé qui ne nous a d'ailleurs rien appris. »

Puis, quelques minutes plus tard :

« Je vous remercie beaucoup, monsieur le Président, d'avoir bien voulu répéter votre exposé. »

*

1944. Arrivé à Moscou, de Gaulle est reçu par le maréchal Staline qui se montre un peu condescendant envers ce simple général et l'abreuve de conseils, lui rappelant ses actions et l'invitant à en tirer exemple.

« Je vous remercie de vos bons conseils, Monsieur le Maréchal. Mais vous savez bien que vous êtes inimitable... »

LES ANGLAIS

VUS PAR CHARLES DE GAULLE

« Il faut vous méfier des Anglais, pour la bonne raison qu'ils sont anglais, c'est-à-dire étrangers pour nous, et que nos intérêts, évidemment, ne sont pas tous toujours les mêmes que les leurs. »

*

6 janvier 1941. Londres. Lettre à sa femme (à Ellesmère, Pays de Galles).

« Ma chère petite femme chérie. [...]

« J'ai beaucoup à faire en ce moment et me trouve dans de grandes difficultés. Les Anglais sont des alliés vaillants et solides, mais bien fatigants. »

*

2 juin 1945. Conférence de presse, Paris.

Question : « Le gouvernement français a-t-il l'intention de refuser la proposition de M. Winston Churchill et d'aller négocier à Londres ? »

Réponse : « J'aime beaucoup Londres qui est une ville magnifique, héroïque, qui nous a accueillis en

1940 avec une gentillesse et une générosité que jamais nous n'oublierons et qui restera dans l'Histoire. Mais, lorsque nous sommes invités à Londres, nous souhaiterions l'être d'une autre manière que celle dont on s'est servi. Cela vaudrait mieux certainement pour les suites de l'invitation. »

*

TÉMOIGNAGES

« En Angleterre, je me promenais librement ; ce que j'appréciais, c'était la discrétion de la population qui se comportait envers moi comme si elle ne m'avait pas reconnu. »

(D'après François Flohic.)

*

« Je ne vendrai pas les intérêts de la France pour un plat de lentilles. Vous voyez d'ici ce qu'on dirait à Vichy ? S'il le faut, je quitterai l'Angleterre et m'installerai à Brazzaville, et je ferai savoir au monde entier pourquoi je m'y suis retiré. »

(D'après Henri Frenay.)

*

« C'est à la France et non pas à l'Angleterre que la SDN a donné mandat dans ces pays [8]. Qu'on ne compte pas sur moi pour amener le pavillon ! »

(Id.)

*

8. Liban et Syrie.

À Londres, un officier de la France libre a les honneurs d'un entrefilet croustillant dans la presse pour fait d'armes : il a séduit une lady de la haute société. Convoqué par le Général, le don Juan s'attend à des reproches. De Gaulle le reçoit, un brin goguenard :

« Capitaine, cocufiez les Anglais tant que vous voudrez... Mais faites en sorte que le *Times* n'en fasse pas des manchettes... »

(D'après Philippe Ragueneau.)

*

1959. À des officiels anglais venus lui parler du marché commun et de la zone de libre échange, et qui cherchent à le sonder sur l'appui qu'il pourrait apporter à l'Angleterre dans son souhait de les intégrer. Fin de non-recevoir :

« L'Angleterre est une île, messieurs. Vous n'y pouvez rien et moi non plus. »

(D'après Alain Peyrefitte.)

*

RUMEUR

« L'Angleterre : j'en ai touché le fond. L'Angleterre est d'instinct contre la France. »

*

« Chez les Britanniques, le costume a, de tout temps, tendu à l'excentricité ; c'est là un domaine où chacun d'eux a l'impression de se personnaliser et de s'épanouir ! »

*

En janvier 1967, Harold Wilson succède à Harold MacMillan comme Premier ministre de Grande-Bretagne ; il demande à rencontrer le Général pour poser à nouveau la candidature de son pays à l'entrée dans le Marché commun. De Gaulle n'apprécie pas beaucoup ses capacités à le convaincre.

« C'est un demi de mêlée qui se prend pour un demi d'ouverture... »

*

« *Savez-vous, me dit M. Eden avec bonne humeur, que vous nous avez causé plus de difficultés que tous nos alliés d'Europe ?*

– Je n'en doute pas, la France est une grande puissance. »

*

18 janvier 1969. Le Général, qui vient de quitter le pouvoir, visite l'Irlande. Il est l'hôte, à Dublin, de l'ambassadeur Emmanuel d'Harcourt : difficultés de la langue française.

« Vous me faites songer au mot de Charles Quint : On parle espagnol à Dieu, français aux hommes, italien aux femmes, et allemand aux chevaux... Vous remarquerez qu'il n'envisageait pas que l'on puisse parler l'idiome godon [9] à qui que ce fût, qu'il s'agisse de Dieu, des hommes, des femmes... ou même des chevaux !... »

*

9. Les Godons étaient pour nos aïeux du Moyen Âge les Britanniques (qui appelaient Dieu « God »).

1965.

« On s'est aperçu qu'il n'y avait pas de montagnes entre l'Angleterre et la France ; il y a seulement un canal. Encore, avec un tunnel, pourrait-on, je crois, les rapprocher beaucoup. »

*

Anthony Eden, ministre des Affaires étrangères britannique avait des rapports tendus avec le chef de la France libre en exil à Londres. De Gaulle alité longuement pour une crise de paludisme, on lui prescrit une convalescence dans le Kent. Refus du Général. On insiste. Il demeure intraitable et s'explique :

« Si je quittais Londres maintenant, je ne pourrais pas, tous les jours, refuser de recevoir Eden. »

*

Juin 1944. Une confidence à son aide de camp, au sortir d'une réunion orageuse avec les officiels londoniens.

« Quand je discute avec le gouvernement britannique, j'ai l'impression de surprendre en flagrant délit de petits vieux sortant du bordel et arrangeant leurs cravates pour se donner une contenance ; ils trouvent des excuses à tout. »

*

1963. L'Angleterre affirme de plus en plus sa politique atlantique pour ne pas dire, aux yeux du Général, son inféodation à l'Oncle Sam. Commentaire irrité :

« Je suis mélancolique de voir l'Angleterre se diriger vers les États-Unis, car elle risque de se comporter comme leur commis voyageur. »

*

« L'ennui est une chose très utile. Je le ressens. D'ailleurs, prenez les Anglais. Eh bien, ce grand peuple, le peuple britannique, a fort bien compris tout ce que l'on pouvait tirer de l'ennui. Tout, en Grande-Bretagne, est organisé en fonction de l'ennui. Qu'est-ce, en effet, qu'un club anglais, sinon l'endroit par excellence où l'on s'ennuie le mieux ? »

*

31 août 1941. De Gaulle quitte l'Afrique pour regagner Londres. Survolant la campagne anglaise, il fait partager à ses compagnons de voyage un simulacre de frayeur :

« L'ennui de survoler ce pays, un dimanche, c'est qu'avec tous ces braves types de la Home Guard, qui brûlent d'en découdre et qui s'ennuient un peu en famille, on est bien fichus de recevoir du plomb dans les fesses. »

WINSTON CHURCHILL

TÉMOIGNAGES

« Il est vrai qu'en Churchill, j'ai rencontré quelqu'un qui m'avait compris. »

(D'après Jean d'Escrienne.)

*

« Churchill boit trop, le whisky lui a dévoré le sens moral. »

(D'après Jean Lacouture et Roland Mehl.)

*

Août 1962. À Eisenhower, qui a été surpris d'être reconnu dans les rues de Paris.

« Vous, on vous reconnaît. Churchill pouvait passer inaperçu : tous les bébés joufflus se ressemblent. »

(D'après Alain Peyrefitte.)

*

CHURCHILL : *Enfin, c'est insensé ce que vous prétendez là ! Vous vous prenez pour la France !*

DE GAULLE : Et si je ne suis pas la France, pourquoi discutez-vous avec moi ?

(D'après Ernest Mignon.)

*

RUMEUR

À la suite d'une scène particulièrement âpre qui les avait opposés l'un à l'autre, le Général confie au Premier ministre britannique :

« Je crois avoir compris la raison pour laquelle nous nous affrontons si souvent. Cela tient à un trait de votre caractère qui vous pousse à vous mettre en colère lorsque vous avez tort, et à un trait du mien qui me porte à me mettre en colère lorsque j'ai raison. »

*

1948. Au cours d'une conversation privée, alors qu'on lui fait valoir l'aide apportée par Churchill à l'établissement de De Gaulle en tant que chef de la France libre, le Général tient à préciser le pourquoi du concours apporté par le Vieux Lion.

« Dites-vous bien que Churchill ne m'a favorisé *qu'autant qu'il ne croyait pas en moi*. Dès qu'il a vu que j'étais réellement la France, il m'a combattu. Oh ! Je n'en fais pas grief à Churchill ! Les choses eussent été inversées que je n'eusse probablement pas fait trop d'efforts pour restaurer dans sa force la puissante Angleterre. »

*

Novembre 1947. De Gaulle apprend par la radio que Winston Churchill fête ses soixante-treize ans.

« Je n'aurais jamais cru, à le voir, que ce vieux forban vivrait jusqu'à un âge pareil ! Il est vrai qu'il a fait toute sa vie des affaires avec le diable. Je vous dis : celui-là, c'est la méchanceté et l'alcool qui le conservent. »

*

Churchill et de Gaulle assistent en janvier 1944 à un défilé à Marrakech, devant un public enthousiaste. Churchill se penche vers le Général :

« On crie beaucoup "Vive de Gaulle".

– Ah ! Vous avez remarqué ? »

*

À Churchill, qui évoque la présence des occupants en France :

« Les occupants... Les occupants... Qu'est-ce que vous faites, vous, à Jersey et à Guernesey ? »

LES ALLEMANDS

VUS PAR CHARLES DE GAULLE

« Ces chevaliers du myosotis qui se font vomir leur bière. »

*

23 octobre 1941, Londres.

« Nous savions bien que l'Allemand est l'Allemand. Nous ne doutions pas de sa haine ni de sa férocité. »

*

« Il est absolument normal et il est absolument justifié que les Allemands soient tués par les Français. Si les Allemands ne voulaient pas recevoir la mort de nos mains, ils n'avaient qu'à rester chez eux et ne pas nous faire la guerre. »

*

TÉMOIGNAGES

Les manifestations de la surpuissance soviétique irritaient le général de Gaulle : rosserie assénée aux Soviétiques alors qu'ils le recevaient cérémonieusement à Stalingrad :

« Quel peuple ! Quel grand peuple !

– ...

– Non, je parle du peuple allemand. Dire qu'il est venu jusqu'ici ! »

(D'après Raymond Marcellin.)

*

RUMEUR

Pierre Pflimlin, alsacien :

« La France ne doit pas favoriser la réunification de l'Allemagne. Il y a longtemps que je le pense...

– Et moi, Pflimlin, il y a mille ans que je le dis. »

*

Le traité sur la C.E.D. (Communauté européenne de Défense), qui impliquait le réarmement de la R.F.A., est rejeté par l'Assemblée nationale le 28 août 1954. À un journaliste qui lui demande les raisons de sa farouche opposition, le Général répond :

« Les cadavres, monsieur, n'étaient pas encore froids. »

*

1947.

« L'Allemagne ? Un grand peuple, oui. Certes, c'est un grand peuple. Seulement voilà : on ne sait qu'en faire. »

*

1947.

« Les Allemands ont coutume de dire qu'ils représentent en Europe l'élément masculin et que nous serions, nous Français, d'une nature féminine. Or, c'est le contraire qui est vrai : la France est l'homme – un vieil homme bien sûr – alors que l'Allemagne a tous les défauts et toutes les qualités de la femme : sincère dans chacun de ses mensonges successifs, aussi authentiquement démocratique aujourd'hui qu'elle était hitlérienne hier... »

L'ALGÉRIE

VUE PAR CHARLES DE GAULLE

Mostaganem.

« À ce que vous avez fait pour elle, la France doit répondre en faisant ici ce qui est son devoir, c'est-à-dire considérer qu'elle n'a, d'un bout à l'autre de l'Algérie, dans toutes les catégories, dans toutes les communautés qui peuplent cette terre, qu'une seule espèce d'enfants. Mostaganem, merci ! Merci du fond du cœur, du cœur d'un homme qui sait qu'il porte une des plus lourdes responsabilités de l'Histoire. Vive Mostaganem ! Vive l'Algérie française ! Vive la République ! Vive la France ! »

*

« Un pouvoir insurrectionnel s'est établi en Algérie par un pronunciamiento militaire...

« Ce pouvoir a une apparence, un quarteron de généraux en retraite. Il a une réalité : un groupe d'officiers, partisans, ambitieux, fanatiques...

« Au nom de la France, j'ordonne que tous les moyens, je dis tous les moyens, soient employés pour barrer partout la route à ces hommes-là, en attendant de les réduire... »

*

« “L’Algérie de papa” est morte ! On mourra comme elle si on ne le comprend pas. »

*

TÉMOIGNAGES

« On ne recommencera pas l’Algérie d’avant l’insurrection... Il faut que la France reste en Algérie. Sous quelles formes ? Cela dépendra des Algériens, quand ils pourront s’exprimer librement... C’est l’Algérie elle-même qui réglera son sort... Il est de la nature des choses que l’Algérie algérienne soit liée à la France. »

(D’après Jean Mauriac.)

*

27 août 1959.

« Le Général a décidé de commencer sa tournée en allant déjeuner dans une popote, et il a choisi celle de Bigeard, l’officier le plus voyant, le plus insolent, et le plus remuant de l’armée française. Au cours de leur conversation, de Gaulle a assuré :

« Moi vivant, jamais le drapeau du FLN ne flottera sur Alger. »

À l’issue du déjeuner, ils se sont quittés sur ces mots :

« Mon Général, je suis heureux de vous avoir reçu parce que vous êtes la France.

– Parfaitement, je suis la France. »

(D’après le général Bigeard.)

*

*25 novembre 1960. Le Général accorde un entretien à Pierre Laffont, député d'Oran et directeur de l'*Écho d'Oran. *Laffont lui parle de l'intégration :*

« Enfin, Laffont, ne me dites pas que des hommes comme vous aient pu croire à un moment quelconque que j'étais favorable à l'intégration. Je n'ai jamais prononcé ce mot. Pourquoi ? Parce que je n'y ai jamais cru...

« Il y a en Algérie une population dont tout nous sépare : l'origine ethnique, la religion, le mode de vie et on n'a rien fait pour faire cesser cet état de choses. Les Français d'Algérie veulent bien vivre avec les Arabes à condition qu'ils demeurent dans un état de subordination et non autrement. Eh bien ! Les musulmans ne veulent pas de cet état... »

(D'après Pierre Laffont.)

*

« Si la France était comme autrefois un mastodonte, peut-être pourrait-elle passer outre, mais elle ne l'est plus. Seule la Russie, avec ses méthodes communistes, pourrait venir à bout d'une telle rébellion. Nous, non. »

(Id.)

*

1960. L'année est tumultueuse. Les chefs d'état-major adjurent de Gaulle d'expliquer sa politique publiquement. Mais pour ce dernier le moment n'est pas venu :

« En politique, il y a aussi la surprise. Napoléon a décliné dès qu'il a cessé de dérouter. »

« Allons, Philip, ne soyez pas naïf ! Vous avez vécu à Alger comme moi. Vous les connaissez. Ce sont tous des braillards. Il n'y a qu'à les laisser brailler ! Quant aux militaires, je me tiendrai tranquille le temps que les chefs se dévorent entre eux. De ce qu'il restera, je ferai ce que je voudrai avec des promotions et des décorations. »

(D'après André Philip.)

*

« Ils sont convaincus que si je suis revenu aux affaires c'est pour maintenir ce qu'on appelle l'Algérie française, alors que, en réalité, c'est pour sauver la France elle-même ! »

(D'après Jacques Vendroux.)

*

À Jacques Chaban-Delmas venu le prier de ménager la sensibilité des Européens d'Algérie qui souffrent :

« Et de Gaulle ? Vous croyez qu'il a été créé et mis au monde pour lâcher l'Algérie ? Vous croyez qu'il ne souffre pas, de Gaulle ? »

« Quant à l'Algérie proprement dite, comment penser qu'un homme de ma génération, de ma formation, ait pu abandonner de gaieté de cœur cette terre à laquelle la France avait consenti tant de sacrifices, tant d'efforts, qu'elle avait enrichie, fécondée du sang et de la sueur de ses fils pendant plus d'un siècle ! Certains jours, croyez-le, ont été durs pour moi. »

*

1959. En Conseil des ministres, Guillaumat, ministre de la Guerre, demande des renforts pour l'Algérie. Refus motivé :

« Je ne donnerai pas un soldat supplémentaire à une armée qui compte déjà 100 000 hommes de plus que n'en avait Bonaparte pour conquérir l'Égypte. »

(D'après Alain Peyrefitte.)

*

Conseil des ministres. Au soulagement général, de Gaulle fait comprendre qu'il va reprendre l'initiative en Algérie. La fin de son intervention en crispera pourtant certains.

« Messieurs, dans cet ordre d'affaires, il faut marcher ou mourir ! J'ai choisi de marcher... mais cela n'empêche pas qu'on peut aussi mourir. »

(D'après Alain Peyrefitte.)

*

Octobre 1961. De Gaulle, sur fond de négociations d'Évian, ouvre le Conseil des ministres sur un ton déterminé.

« Messieurs, accrochez-vous au mât, parce que ça va tanguer. »

(Id.)

*

Dans un douar traversé, les habitants étaient sortis dépenaillés, pour applaudir « di Gaulle ». Et un sergent-chef avait lancé fièrement au Général :

« Et tous Français, mon Général !

– Tous Français ? Eh bien, commencez donc par les habiller ! »

*

11 mars 1963. Jean-Marie Bastien-Thiry est fusillé au fort d'Ivry.

« Les Français ont besoin de martyrs... Il faut qu'ils les choisissent bien. J'aurais pu leur donner un de ces crétins de généraux qui jouent au ballon dans la prison de Tulle. Je leur ai donné Bastien-Thiry. Celui-là, ils pourront en faire un martyr... Il le mérite. »

*

Un mois après la semaine des barricades, à Alger, le président de la République et de la Communauté entreprend du 3 au 7 mars 1960 un voyage d'inspection en Algérie. À Aumale, où il arrive en voiture le 4 mars 1960, il est accueilli par une manifestation hostile des pieds-noirs. Les imprécations fusent de toutes parts :

« De Gaulle démission ! » « Massu au pouvoir ! » « De Gaulle go home ! »

Le général Salan ne sait plus où se mettre... De Gaulle se tourne vers lui :

« Dites donc, Salan, il semble que dans cette ville vous ne soyez guère populaire... »

*

« L'Algérie, c'est pas la France ! Le Constantinois, c'est pas le Loir-et-Cher ! »

L'interlocuteur opine, ébloui par cette logique. Le Général continue sur son élan :

« D'ailleurs... a-t-on jamais vu des bandes armées tenir le maquis entre Vendôme et Romorantin et défier les garnisons de Blois et d'Orléans ? »

*

Jacques Soustelle, nommé par Pierre Mendès France, gouverneur général de l'Algérie, est encouragé par le Général :

« Allez-y donc ! Alger veut des idoles... pour en faire des feux de joie. »

*

« Je les connais... une fois la paix revenue en Algérie, ils voudront une fois de plus que je parte. Eh bien, s'ils m'embêtent trop, je ferai comme en 1946 ! Je partirai ! »

*

Arrestation de Jouhaud. Roger Frey, aux anges, se précipite à l'Élysée.

« Alors Frey, il vous a fallu un an pour arrêter un chef de l'OAS ! Et pour comble, vous m'arrêtez le plus bête et le plus difficile à fusiller ! »

*

Quelqu'un s'étonne de la faible « qualité » des responsables français nommés en Algérie après le cessez-le-feu. Le Général explique :

« Vous, vous prenez encore vos désirs pour des réalités !... Dans ce merdier qu'est l'Algérie... vous croyez que je peux jeter des perles ? »

*

Fin mars 1962. Accords d'Évian. Christian Fouchet est nommé Haut commissaire en Algérie. Un ministre conteste cette nomination :

« C'est le fait de mon expérience !... Que voulez-vous ? Le maréchal Bugeaud n'était pas disponible, et par malchance, le colonel Godard ne l'était pas non plus, alors j'ai confié leur intérim à Fouchet... Lequel, ne vous en déplaise, et bien que civil, n'est tout de même à ranger ni parmi les froides queues ni parmi les couilles molles... »

*

Dans le plus grand secret, le Général reçoit à l'Élysée des maquisards FLN venus de leurs djebels se faire expliquer la « paix des braves ». Le Général leur communique ses visions puis se lève :

« Messieurs, tant que les combats continuent, je ne peux vous serrer la main. J'espère pouvoir le faire la prochaine fois que je vous verrai... En attendant *(et la voix tonne)* je vous salue, messieurs. »

*

Au début des années 60, un député « Algérie française » adresse au Général cette sommation :

« Au nom de mes amis, je vous supplie, mon Général, de changer de politique...

– Au nom de ma politique, changez d'amis !... »

*

1961. Le désengagement algérien se profile.

« On dit, ici ou là, que dans les pays d'où la France se retirerait, l'Union soviétique et l'Amérique, ou l'une et l'autre à la fois, essaieraient de prendre sa place. Je réponds qu'à toutes deux, je souhaite d'avance bien du plaisir. »

*

Juin 1958. Au Palais d'Été, à Alger. Massu se fait remonter les bretelles.

DE GAULLE : À partir de maintenant, plus de politique pour les généraux !

MASSU : *Mon Général, j'ai toujours répondu présent à un appel à la discipline.*

DE GAULLE : Pas à la discipline, Massu ! À l'intelligence !

*

1960. Discutant avec de Gaulle à Rambouillet, Khrouchtchev joue de sa mauvaise foi : « Que pouvons nous faire pour vous faciliter les choses en Algérie ? »

Le Général, interloqué, laisse passer un silence. Puis :

– Surtout, ne pas vous en occuper.

*

24 janvier 1961. Journée des barricades à Alger. L'émeute prend de l'ampleur d'heure en heure et Paul Delouvrier, Délégué général appelle l'Élysée pour rendre compte. Mais la conversation téléphonique est brouillée.

DE GAULLE : Allô ? Je ne vous entends pas Delouvrier.

DELOUVRIER : *Moi non plus, mon Général !*

DE GAULLE : Alors, pourquoi téléphonez-vous ? *(Et il raccroche.)*

*

1961. À propos du « quarteron de généraux en retraite » qui a lancé une tentative de coup d'État à Alger.

« Dix-neuf étoiles et pas de tête. »

*

Octobre 1962. Conseil des ministres. Couve de Murville relate la satisfaction qui, à l'ONU, a accueilli l'entrée de l'Algérie et l'attitude finale de la France dans la résolution du conflit. De Gaulle le coupe.

« Je ne désespère pas d'être applaudi au Sénat. »

LE DÉPART ET... APRÈS

VU PAR CHARLES DE GAULLE

« Puisque tout recommence toujours, ce que j'ai fait sera, tôt ou tard, une source d'ardeurs nouvelles après que j'aurai disparu... »

*

TÉMOIGNAGES

Le 11 novembre 1969, André Malraux interroge le général de Gaulle :

« Pourquoi êtes-vous parti sur une question aussi secondaire que celle des régions ? À cause de l'absurdité ? » Il le regarde fixement :

« À cause de l'absurdité. »

(D'après André Malraux.)

*

« Le pays est solide, il en faut beaucoup pour l'abattre. Quand ça arrivera, je ne serai plus de ce monde ou trop vieux. Et ils diront : Ah ! si de Gaulle était encore là. Mais de Gaulle était là, ils se liguaient tous pour lui barrer le chemin. Je suis leur ennemi. L'ennemi des compromis, des arrangements, de la République, des petits copains. »

(Id.)

*

« *Je suis bien certain que votre successeur ne pourra, au mieux, qu'essuyer un demi-échec.*

– Et pourquoi ne remporterait-il pas, au pire, un demi-succès ?

– *N'est-ce pas la même chose ?*

– Pas pour l'Histoire. »

(D'après Pierre Billotte.)

*

28 avril 1969. Lorsqu'il quitte la présidence de la République, un de ses plus proches collaborateurs, sachant la modestie de ses ressources, le presse d'accepter la rente que l'État verse automatiquement aux anciens chefs de l'État.

« Assurément, je suis un ancien combattant qui prend sa retraite. Mais, sincèrement, voyez-vous le général de Gaulle accepter un bureau de tabac ? ... »

*

« En tout cas j'ai pris mes précautions pour qu'à mon enterrement je ne sois pas le jouet de l'histrionisme du régime et pour que je sois délivré de la présence des politiciens. »

(D'après Louis Terrenoire.)

*

« Comme j'ai bien fait de m'en aller, hein ! Et de partir sans rien dire. Ils attendaient des explications... mais puff... Plus personne... Tout est déjà oublié des circonstances qui pouvaient rendre cette démission critiquable... »

(D'après Claude Mauriac.)

*

Décembre 1969. Jean d'Escrienne est venu, à la Boisserie, apporter au solitaire de Colombey-les-Deux-Églises le courrier « arrivée », et reprendre le courrier « départ ». Le Général le retient à dîner. D'Escrienne se lève pour regagner Paris, et de Gaulle, avec sa coutumière courtoisie, l'accompagne jusqu'à la porte. La nuit est totale... Un brouillard glacé noie le contour des choses...

« Ne sortez pas, mon Général, il fait très froid... Et puis, cette nuit est si triste ! »

Le Général jette un long regard sur le parc enneigé, le squelette des arbres noirs... Il réprime un frisson et hoche la tête... tend la main à d'Escrienne.

« Vous verrez, le jour se lèvera tout de même demain... »

*

28 avril 1969. Le Général cesse d'exercer ses fonctions. Au cours de l'été qui suit, il va souvent analyser l'événement. On retrouve le même regret de voir la France si passive quand l'événement ne la réveille pas. À Jean d'Escrienne, son aide de camp, il confie :

« Il n'y a que dans l'effort, dans la poursuite d'une noble tâche que les Français sont un grand peuple...

Chacun va donc, maintenant, faire chauffer sa petite soupe, dans sa petite marmite, sur son petit feu et dans son petit coin, en s'imaginant vivre des jours tranquilles. Eh bien soit ! Mais que cela se fasse en dehors de moi. »

*

27 avril 1969. Le projet de loi référendaire sur la réforme du Sénat et des régions est repoussé par 52,41 %. Le 28, il annonce qu'il se démet de ses fonctions. Le 29, à Michel Debré, qui lui téléphone à Colombey pour lui dire sa tristesse et son désarroi :

« Que voulez-vous, Debré, on ne peut pas gagner toutes les batailles. Nous avons vaincu Vichy, nous avons vaincu l'OAS, nous avons vaincu la chienlit de 68, mais nous n'avons pas réussi à rendre les bourgeois nationaux. »

*

« La France que j'aurai si longtemps tenue à bras-le-corps m'a chassé d'un haussement d'épaule. »

(D'après Frédéric Barreyre.)

*

La démission du Général le 28 avril 1969 prive la littérature française de deux grands textes : le discours que Malraux aurait dû prononcer à Ajaccio, le 15 août 1969, à l'occasion du bicentenaire de la naissance de Napoléon Bonaparte, et celui que de Gaulle aurait dû prononcer, aux Invalides, pour commémorer le retour des cendres.

« Qu'auriez-vous dit à propos de lui ? » demandera-t-on au Général.

« Que, lui et moi, nous avons été trahis par les mêmes félons que nous avions engraissés... Et que, tous les deux, nous avons eu le même successeur : Louis XVIII... »

(Id.)

*

Décembre 1947. De Gaulle, sur injonction médicale, se résout à ne plus fumer et lâche à un proche une boutade qui, chose rare chez lui, relève de l'humour noir :

« Je ne fumerai plus jusqu'à la prochaine guerre. Je dis bien : je recommencerai à fumer s'il y a la guerre ! N'est-ce pas, il faut bien toujours se conserver un peu d'espoir. »

(D'après Claude Guy.)

*

RUMEUR

1969. De Gaulle se retire définitivement de la scène politique, ce qui lui vaut une avalanche de courrier à la Boisserie. Ainsi Nixon lui écrit : « ... Je n'oublierai jamais la sagesse de vos conseils. »

– Il n'a pas oublié mes conseils ? Comme c'est étrange... Il n'en a suivi aucun !

*

Août 1960. Chaban-Delmas manœuvre en vue d'instaurer une vice-présidence de la République. Il se sentira visé par une boutade de De Gaulle, prononcée en fin d'une conférence de presse.

« De temps en temps on me dit ou on me fait dire : “Après vous, ce sera la pagaille”. Alors *quelqu'un* suggère qu'on institue la pagaille tout de suite de manière à assurer la succession. »

*

1962. À quelques jours du référendum sur l'élection présidentielle, qui semble loin d'être gagné, de Gaulle s'entretient avec son ministre de l'Intérieur.

« Tout le monde est contre mon projet ! Les notables, les parlementaires, les partis ! Si avec tout ça j'obtiens 65 % des suffrages exprimés, ce sera un triomphe.

– *Et si vous n'en obtenez que 60 % ?*

– Dans ce cas, ce sera un succès. »

*

« Je n'ai jamais fait de politique. Il est vrai que j'ai dû quitter le pouvoir afin précisément de continuer à n'en point faire... »

KALÉIDOSCOPE

« La gloire est une maîtresse capricieuse : elle exige tout et ne pardonne rien. »

*

12 février 1940, Lille.

« Que de fois, en prenant acte de ses adjurations chagrines (celles du régime en place), j'ai pensé à ce que dit l'Arabe entendant le vent du désert : “Écoute ! Écoute ! Le Sahara pleure ! Il voudrait être un jardin.” »

*

Septembre 1963. Rimes sur ceux qui posent :

« Dans les vases clos des colloques, congrès, conférences, confrontations, débats, tables rondes, se manifestent

ceux qui exposent,
ceux qui proposent,
ceux qui déposent,
ceux qui disposent,
ceux qui supposent,
ceux qui composent,
ceux qui transposent,

ceux qui apposent,
ceux qui opposent,
bref, ceux qui posent. »

*

Mémoires de guerre : sur Albert Lebrun.

« Au fond, comme chef de l'État, deux choses lui avaient manqué : qu'il fût un chef, qu'il y ait eu un État. »

*

Note curieuse, consignée en 1924 :

« De quarante à cinquante ans : la garde-robe bien garnie, les cuisines fines, les amours de qualité ;

« De cinquante à soixante ans : les secrétaires actifs, les larges dépenses, les amples commodités ;

« Après : la quiétude des loisirs, les honneurs reçus, les médecins habiles. »

*

« Napoléon, dans le concours des grands hommes, est toujours avant Parmentier... »

*

TÉMOIGNAGES

À son aide de camp, de Gaulle confia un jour mélancoliquement :

« On ne se console jamais de ne plus fumer. »

Au même il dit encore, à la veille du référendum de 1961 :

« Si cela échoue, je couperai mon téléphone, je retournerai à Colombey. *(Puis après un temps...)* Et je me remettrai à fumer. »

(D'après François Flohic.)

*

« Sans le froid, me dit-il, pas d'abbé Pierre !... Quand la France aura froid, je pourrai moi aussi agir. »

*

« Il fallait que la France ne cédât jamais sur la question de son indépendance, en quelque occasion qu'elle fût posée. Un pays qui fait la moindre concession sur ce point est perdu. C'est pourquoi, aussi cher que cela nous ait coûté, aussi pénible que cela m'eût été, j'ai toujours répondu par une gifle aux gifles que me donnaient Roosevelt ou Churchill... »

(D'après Claude Mauriac.)

*

2 février 1947. Il confie à son secrétaire particulier :
« Les Français d'aujourd'hui sont comme les petits cochons des abattoirs de Chicago : pleins de grognements et de réticences. Mais à la fin, ils sortent bel et bien en boîtes de conserve... »

(Id.)

*

« Au fond, c'est au Louvre que j'aurais dû m'installer ! On ne fait pas l'Histoire dans le 8e arrondissement... »

(D'après Claude Dulong.)

*

Sur la tenue des cérémonies : le haut-de-forme.

« Imaginez qu'ils voulaient m'affubler d'un haut-de-forme !... Si je les écoutais, j'en mettrais toujours un par-dessus mon képi !... Ou alors l'inverse ? ... Ou bien encore je le tiendrais à la main, et je pleurerais dedans ? ... »

(Id.)

*

« La grandeur est un chemin vers quelque chose qu'on ne connaît pas. »

(D'après André Malraux.)

*

« Quand tout va mal et que vous cherchez votre décision, regardez vers les sommets ; il n'y a pas d'encombrements. »

(Id.)

*

« Peut-être la politique est-elle l'art de mettre les chimères à leur place ? On ne fait rien de sérieux si on se soumet aux chimères, mais que faire de grand sans elles ? »

(Id.)

*

« Le marxisme n'est pas une chimère. Ni Lénine. Ni Staline. Ni d'ailleurs Mussolini. La chimère, c'est le marxisme des intellectuels qui n'ont pas lu Marx. »

(Id.)

*

« Pompidou pensait qu'il faut toujours faire déjeuner les gens ensemble... Avait-il tort ?... J'ai invité Adenauer, que je ne connaissais guère... Vous faites manger le même gigot à des gens qui se détestent parce qu'ils ne se connaissent pas, et ça les transforme en moutons. »

(Id.)

*

« Si je reviens au pouvoir, faites-moi confiance pour n'en repartir que les pieds devant. »

(D'après Georges Pompidou.)

*

De l'auteur du fameux discours de Brazzaville, et plus tard le décolonisateur de l'Afrique noire, citons un propos du Général qu'il tint, en avril 1968, à Léopold Sédar Senghor, premier président de la République du Sénégal et grand poète français, auquel il portait une considération et une amitié qui lui étaient amplement rendues :

« Ah ! la négritude !... Grande chose !... Chez nous, elle vous fera entrer à l'Académie, vous verrez, et ce sera justice... Chez vous, en revanche, elle ne suffira pas à vous faire aimer... Vous êtes trop blanc, Senghor, beaucoup trop blanc pour vos frères africains... »

(D'après Jean-Michel Royer.)

*

À l'approche du fameux voyage en Amérique latine de septembre-octobre 1964, le Général potasse l'espagnol et le portugais : il met son point d'honneur à prononcer au moins quelques phrases, voire de longues tirades, dans l'une et l'autre de ces langues. Yvonne de Gaulle, de son côté, s'initie à l'espagnol dans la Méthode Assimil, *et s'en explique :*

« Il serait très gênant pour moi, quand on me parlera, que je ne puisse pas comprendre et que je ne sache que répondre...

– Aucune importance, Yvonne... Souriez, c'est encore ce qu'il y a de plus difficile. »

*

Visite en province, au milieu des années 1960. Arrivée à proximité d'une grande ville et, selon la tradition, on s'arrête pour que le maire vienne s'asseoir à côté du Général. Ce que ce dernier ne sait pas, c'est que la DS présidentielle a été modifiée : le chauffeur appuie sur un bouton, et le toit de toile se retire électriquement, permettant à de Gaulle de se lever et saluer la foule :

« Vous avez là une voiture très pratique, monsieur le maire... »

Le maire, éberlué :

« Mais... mais... cette voiture est à vous, mon Général... » Le Général, croyant qu'on lui fait un cadeau démesuré :

« Je vous en prie, monsieur le maire, il n'en est pas question... »

(D'après Pierre Lefranc.)

*

L'Indochine. Le Général explique à Jean-Raymond Tournoux :

« Et vous verrez que nous nous serons battus des années en Indochine pour garder le droit de visiter les ruines d'Angkor !... »

(D'après Jean-Raymond Tournoux.)

*

Novembre 1962. À la demande d'une journaliste, les ministres ont, peu ou prou, tous confié ce qu'ils souhaitaient à leur Président pour son anniversaire à venir. Vœux de bonne santé ou d'une autre teneur sont publiés. Seul ou presque, Raymond Triboulet s'abstient, indiquant que l'usage, dans sa famille, est de ne pas fêter les anniversaires. Au Conseil des ministres suivant, veille du jour J, Georges Pompidou prend la parole pour présenter les vœux du gouvernement en cette occasion. Le Général, qui coupe la parole à son Premier ministre, aura une réaction sèche et pudique :

« Merci, je suis très touché. J'ai lu dans la presse ce que mes ministres me souhaitent. Eh bien, c'est

Triboulet qui, à mon avis, a donné le mot de la fin : dans sa famille, on renonce à célébrer les anniversaires. Faites comme lui. »

(D'après Raymond Triboulet.)

*

Véridique ? Imaginée par le dessinateur ? Après les résultats désastreux aux jeux Olympiques de Rome.

« Dans ce pays, si je ne fais pas tout moi-même... »

(D'après Jacques Faizant.)

*

1966. Voyage officiel à Kiev, au cours duquel on lui fait visiter l'exposition permanente des réalisations économiques ukrainiennes. Le programme est assommant. Le Général s'arrête pour contempler un bas-relief représentant toutes les races du globe, ce qui pousse l'interprète à énumérer longuement : « Ici figurent, mon Général, tous les peuples du monde. C'est une fresque admirable ! Les Slaves, les Germains, les Africains, les Polynésiens, ici il y a les Chinois, et plus loin... » De Gaulle le coupe :

« Bon, puisque tout le monde est là, on peut s'en aller. »

(D'après Philippe Ragueneau.)

*

Janvier 1963. Le ministre des Finances invoque le froid qui s'est abattu sur la France pour expliquer les difficultés d'approvisionnement des circuits commerciaux.

« Il faudrait tout de même prévoir qu'il puisse faire froid en hiver ! »

(D'après Alain Peyrefitte.)

*

1962. Au porte-parole de son gouvernement, nouvellement nommé par lui, qui l'interroge, afin d'être en mesure de répondre aux questions de la presse sur la nature des fonctions qui seront dévolues à une personnalité militaire dont le nom circule :

« Vous le saurez bien assez tôt ! Nous le nommerons en Conseil. Il sera temps alors que vous l'appreniez ! Le plus sûr moyen que vous n'en disiez mot, c'est que vous n'en sachiez rien. »

(D'après Alain Peyrefitte.)

*

Septembre 1959. Conseil des ministres. À l'ordre du jour : l'adoption du budget. La discussion est houleuse entre Michel Debré et Antoine Pinay. Ce dernier, dans un geste maladroit, fait tomber un encrier qui se brise. De Gaulle, amusé, lâche :

« Je conçois que Monsieur le ministre des Finances soit nerveux dans les circonstances présentes. Mais de grâce, monsieur Pinay, puisque vous réclamez des économies, donnez l'exemple : ne démolissez pas le matériel. »

(D'après Alain Peyrefitte.)

*

À Claude Mauriac qui, en 1946, évoque en sa compagnie un futur lointain où, certainement, de Gaulle sera à nouveau à la tête de la France.

– Et les hommes, mon Général, il vous faudra des hommes ? Une équipe de vrais ministres...

Un instant de silence pensif, puis :

« C'est toujours la même chose : tout faire avec rien. »

(D'après Claude Mauriac.)

*

1961. De Gaulle convoque à l'Élysée Wilfrid Baumgartner, gouverneur de la Banque de France, et lui propose de succéder à Antoine Pinay, ministre des Finances. Baumgartner décline, arguant qu'il n'est pas digne du poste et qu'il connaît trop mal le milieu politique pour faire un bon ministre. On ne se refuse pas à de Gaulle, qui insiste. Baumgartner résiste : « J'aime mieux continuer mon action à la Banque de France, qui est loin d'être achevée. »

Alors de Gaulle, froidement, assène en guise d'argument final :

– Mais, vous n'êtes plus gouverneur de la Banque de France.

(D'après Alain Peyrefitte.)

*

1946. Face à Gaston de Bonneval, qui vient lui apprendre une décision du gouvernement Bidault, de Gaulle joue l'ironie méchante :

– Quel gouvernement ?

(D'après Gaston de Bonneval.)

*

Janvier 1963. Ouvrant le Conseil des ministres, le Général excuse son ministre de la Culture, parti aux U.S.A. présenter une exposition de tableaux du Louvre.

« Monsieur André Malraux ne sera pas des nôtres aujourd'hui. Il a une bonne raison, il tient compagnie à Mona Lisa. »

(D'après Alain Peyrefitte.)

*

Novembre 1968. Couve de Murville grimace au cours d'une allocution télévisée. On apprendra plus tard qu'il s'était auparavant déchiré le muscle d'une jambe. De Gaulle, peu de jours après, le taquine :

« Je ne vous avais jamais imaginé jouant à saute-mouton par-dessus votre bureau. »

(Id.)

*

1962. À Malraux, qui l'a convaincu de le suivre à un concert de musique moderne.

« Je n'ai jamais entendu, en si peu de temps, autant de sons discordants et inattendus. »

(D'après Philippe Ragueneau.)

*

Mars 1963. Roger Houdet s'inquiète des manifestations paysannes.

« Vous devriez faire savoir à nos agriculteurs que ce n'est pas Pompidou, mais le Bon Dieu qui est responsable de la surproduction. Ce n'est pas chez le préfet mais plutôt chez les évêques qu'ils devraient envoyer des délégations. »

*

RUMEUR

Comme André Malraux, « l'incomparable témoin », intervenait une fois de plus auprès de lui, au cours d'un Conseil des ministres, pour que la grand-croix de la Légion d'honneur soit décernée à Jules Romains, de Gaulle, qui gardait rancune à l'auteur des Hommes de bonne volonté *de ne pas l'avoir rallié en 1940, fit mine de s'intéresser :*

« Il est si malade que ça ? Il ne sort plus ?

– *Il est alité, mon Général.*

– Et il reçoit du monde ?

– *Plus personne. Il est au plus bas.*»

Et de Gaulle, haussant les épaules :

« Eh bien, si personne ne peut le voir, qu'il la porte, la grand-croix ! »

*

Après une intervention de Michel Debré à la télévision, le Général, à Colombey, s'exclame :

« Il faudrait mettre le carré blanc. Il risque de faire peur aux enfants ! »

*

Au Théâtre-Français, de Gaulle et Pompidou se rendent ensemble aux toilettes pendant l'entracte. Le Premier ministre, alors qu'ils sont côte à côte devant l'urinoir, fait allusion au spectacle qui leur a été présenté.

« Belle pièce, mon Général. »

Et de Gaulle, badin :

« Regardez devant vous, Pompidou. »

*

Une histoire souvent racontée qui remonte au temps du RPF... En attendant l'arrivée du Général, les compagnons s'entretiennent dans la salle de réunions. Pour résumer la pensée de tous, Louis Vallon, qui n'a pas sa langue dans sa poche, s'écrie :

« Mort aux cons ! »

La porte s'ouvre, de Gaulle est là. Il a entendu. Il observe avant de s'asseoir :

« Vaste programme ! »

*

Lors des grandes fêtes données en Iran par le Shah, de Gaulle assiste, tête nue, sous le soleil ardent, au spectacle donné à Persépolis. Devant lui, le gendre du souverain, ministre de la Culture, lit un copieux discours. De Gaulle guette. Au bas d'une page, l'Iranien prononce la formule :

« Et Alexandre ravagea Persépolis. »

Le Général bondit sur l'occasion, et, pour s'épargner la suite de l'exposé, se lève, et déclare :

« Eh bien ! allons voir ce qu'il en reste ! »

*

15 mai 1968. Le Général est à Bucarest, il n'a pas voulu reporter sa visite à Ceauşescu, il visite le site présumé du palais du Vlad Tepes, voïvode de Valachie au temps de Louis XI. Le guide évoque Dracula...

« Le peuple ne reconnaît que le Dracula historique, héros de l'indépendance nationale et paladin de la résistance aux impérialismes... » Le Général a tout compris, il se tourne vers Ceaușescu :

« Eh bien ! monsieur le Président, le Dracula de la France d'aujourd'hui salue, en votre personne, le Dracula de la Roumanie d'aujourd'hui ! »

*

À cette fameuse réception des Arts et Lettres à l'Élysée où Brigitte Bardot vint habillée en zouave, il y avait aussi Jacques Tati. De toute l'assemblée, il était le seul à être plus grand que de Gaulle. Celui-ci l'avait repéré dans la longue file qui s'avançait pour se présenter à lui. À son aide de camp qui, d'un mot, lui indiquait qui s'inclinait devant le Président, il demanda :

« Qui est-ce ? »

De même que, pour Brigitte Bardot, il avait répondu, bas : « Babette s'en va-t-en-guerre... » là il dit :

« Mon oncle. »

Confusion. Tati, serrant la main du chef de l'État, éprouva une surprise intense en s'entendant dire :

« Je suis très content de votre neveu ! »

*

Au pire moment de la guerre d'Algérie, André Chamson, directeur des Archives nationales, sollicita une audience du Général. Elle ne pouvait être que brève tant le carnet de rendez-vous du président était chargé :

« Il s'agit des Archives d'Alger, mon Général. Leur sort est préoccupant. Nous pouvons craindre qu'elles soient détruites par un raid du FLN, ou enlevées par l'OAS, ou l'inverse. Reste une troisième hypothèse : les rapatrier en France mais les pieds-noirs diront que nous abandonnons l'Algérie. »

De Gaulle raccompagnant aussitôt André Chamson, avec sa courtoisie coutumière, lui dit :

« Monsieur André Chamson, vous êtes directeur des Archives de France. »

Sur ce, il lui serra la main et lui ouvrit la porte.

*

Un historien vient recueillir les impressions du Général sur les grands hommes qu'il a connus :

« Les grands hommes, monsieur, sont aussi cons que les autres... Mais rien de grand ne peut être fait sans de grands hommes. Et on ne devient grand qu'en se voulant tel. »

*

Au député Bettencourt qui lui confie, à l'occasion d'un voyage en Normandie :

« Pour le présent, nous sommes tranquilles. C'est pour l'avenir que nous avons des inquiétudes.

– Eh bien, messieurs, faites un autre de Gaulle. »

*

Aux Américains, de Gaulle reprochait leur longue liaison avec Vichy.

« Ce Roosevelt, ce Murphy, ils m'ont insulté, ils se sont jetés au cou de Vichy, ils ont dit que cette ganache de Maréchal représentait la France. Je leur ferai voir, la France, c'est moi : je suis la France. »

*

En 1956, le Général traverse l'océan Pacifique. À bord du paquebot Caledonian, *les repas du soir commencent par un potage fort épais. Le général en raffole... mais pas le jeune baron Guichard qui l'accompagne.*

« Prenez de la soupe, Guichard, c'est un ordre !... Comment pourrais-je reconstruire un pays avec des gens qui n'aiment pas la soupe ? ... »

*

Versets imprécatoires cités par Jean-Raymond Tournoux dans Le Feu et la Cendre, *vers 1950.*

« Ah ! les pisse-vinaigre !...

Les pisse-froid !... Les farfadets de l'abandon !...

Les tricheurs !... Les fuyards professionnels !... Les trotte-menu de la décadence !... Les équipes du chloroforme !... Le marais putride !... La politique de la vachardise !... Les stupéfiants du régime !... Les malades de la capitulation !... »

*

« Bon Dieu ! Mais qu'est-ce que vous avez tous à m'emmerder avec *votre* Élysée ! L'Élysée, c'est *moi* ! »

*

Le temps du voyage à Baden, trois gouvernements se sont clandestinement formés. Jacques Foccart communique au Général la liste des « conjurés ».

« Ça ne m'étonne pas, ils feraient réchauffer leur ragoût n'importe où. Même sur un volcan. »

Et puis la colère éclate :

« Des traîtres... des hannetons qui tournent en rond ! Ce sont des nains ! Je suis entouré de gnomes hideux et sans génie. Seulement, ils se trompent : la France n'est pas Blanche-Neige. »

*

Jean-Raymond Tournoux remet en mémoire une visite faite à un châtelain de Seine-et-Marne, notable influent et militant généreux du Rassemblement. Sur le perron, il accueille le Libérateur par un interminable discours... rien n'arrête l'orateur :

« Et c'est pourquoi, mon Général, j'ai l'insigne honneur de vous recevoir dans ce canton, dont je suis conseiller général, sur mes terres qui...

– Qui sont des terres à betteraves. Allons déjeuner. »

*

Le Général s'arrête à Èze où le maire lui remet une gerbe de fleurs et une ravissante poupée ézasque :

« Ce sera pour Mme de Gaulle, précise-t-il.

– Eh bien ! Elle jouera avec. »

*

Entre Albi et Castres, une jeune fille blonde lui tend un carnet d'autographes.

« Ce n'est pas dans mes habitudes », *proteste le Général.*

La jeune fille est opiniâtre, elle parvient à glisser le stylo entre ses doigts... De Gaulle accepte et signe, laissant tomber :

« Si on me voit, je suis perdu. »

*

À Arras, il accepte d'évoquer les sujets locaux entouré des maires du département. Le premier magistrat de la commune lui demande :

« Pourquoi, mon Général, l'eau minérale est-elle plus chère que le lait ?

– Je ne le sais, mais un bon conseil : buvez du lait ! »

*

Juillet 1960. À une foule fervente et... médusée :

« Je salue Fécamp, port de mer, qui entend le rester et le restera. »

*

La France repart de l'avant et aussi les plans de rénovation conçus par de Gaulle. À un intime, qui lui demande :

« *Alors, mon Général, les grands projets de réforme ?*

– Eh bien, nous les ferons !

– *Y compris la participation ?*

– Oui, je la ferai passer.

– *Malgré les objections formulées par le patronat ?*

– Le patronat, je m'en bats l'œil ! »

*

Avec les paysans de Belfort. L'année a été torride et a un peu partout grillé les récoltes. Le Général interroge :

« Et la sécheresse ?

– *Il a plu ici, mon Général.*

– Eh bien, je vous félicite ! »

*

De retour du Canada où on lui avait fait déguster un champagne local :

« Je leur ai dit qu'il fallait autant de courage pour fabriquer du champagne au bord des grands lacs qu'il en faudrait pour transporter les grands lacs en Champagne. Ils ont été enchantés. Mais je n'ai pas l'impression qu'ils m'aient compris. »

*

Fin mai 1963. De Gaulle convoque Jean Foyer, ministre de la Justice, et lui parle, en tête à tête, du cas d'un ex-général, artisan actif de la tentative du putsch du 22 avril 1961 :

« Sa femme a de sérieuses difficultés financières. Je prélèverai régulièrement une somme sur ma cassette personnelle. Vous la lui ferez remettre par le truchement d'un prêtre. Mais – vous m'entendez bien – ni de mon vivant ni après ma mort, la famille ne doit connaître l'origine des secours. »

*

Bernard de Gaulle est venu, à la Boisserie, présenter sa fiancée à son oncle, Charles de Gaulle. Cette visite impressionne et angoisse la jeune femme, pour ne pas dire qu'elle la terrifie... Mais le Général va très vite la mettre à l'aise :

« Je suis heureux de vous connaître, mademoiselle... Les fiancés m'ont toujours intimidé... »

*

Michel Debré propose Maurice Herzog au poste de haut-commissaire aux Sports mais le Général se fait tirer l'oreille :

« On me dit que cet Herzog est un alpiniste, qu'il grimpe sur des montagnes... Je veux bien le croire ! Mais est-ce que je l'ai vu, moi ? »

*

Fin janvier 1945. René Brouillet propose de transférer le droit de grâce au ministre d'État Jules Jeanneney.

« Il n'en est pas question, Brouillet. C'est là le pouvoir

régalien par excellence, la plus haute responsabilité d'un chef d'État, la seule qui ne saurait se déléguer. Songez que de cela, et de rien d'autre, je n'ai à rendre compte qu'à Dieu... »

*

29 janvier 1950. La Côte-d'Or reçoit la visite du Général. Le chargé de mission Olivier Guichard qui est « chez lui » est le premier à l'accueillir, un peu avant Dijon. Guichard se dispose à s'installer sur le siège avant de la voiture du Général à côté de Gaston de Bonneval et du chauffeur. De Gaulle l'arrête d'un geste et d'un sourire :

« Ne vous mettez pas à trois devant, ça fait socialiste. »

*

La Chine. La révolution culturelle. Étienne Burin des Roziers rapporte des affiches injurieuses à l'égard des Américains et aussi à l'égard de la France sur les murs de Pékin, l'une d'elles traite même de Gaulle de « chien occidental » :

« C'est bien la première fois que je me fais traiter de chien par les Pékinois. »

*

1965. Début novembre, un grand voyageur, écrivain de talent fort apprécié par le Général est reçu. De Gaulle vient d'annoncer sa candidature à l'élection présidentielle et a demandé aux Français de renouveler son mandat.

« Et savez-vous, mon Général, qu'il y a, en Chine, des centaines de millions de gaullistes virtuels ? »

De Gaulle opine du chef :

« Très intéressant... L'embêtement, voyez-vous, c'est qu'ils ne votent pas en France... »

*

1963. Fin avril, de Gaulle visite la Champagne et s'arrête dans de petits villages. Un petit garçon. De Gaulle s'adresse au papa :

« Il travaille bien à l'école ?

– *Pensez-vous, mon Général ! Il veut rien foutre ! »*

De Gaulle incline sa haute silhouette vers le petit garçon :

« Tu ne veux rien foutre ? Mais c'est très grave !... Tu ne seras jamais président de la République !

– *J'ai pas envie... C'est trop fatigant.»*

De Gaulle se redresse et soupire :

« À qui le dis-tu !... »

*

« Mon Général, on va vous montrer à Ajaccio la maison natale de l'Empereur. Mais il faut savoir que c'est ici, à Corte, qu'il a été conçu.

– Voyons, monsieur le Maire, c'est passionnant ! Napoléon a été conçu ici ? Mais comment les choses se sont-elles passées ? Racontez-nous cela ! »

*

Attentat contre le Général. Jacques Chaban-Delmas se réjouit de le voir sauf. Le Général lui répond d'un air jovial :

« Oui, il paraît qu'on n'aurait rien retrouvé de moi, même par le képi. Il est vrai que j'étais en civil ! »

Un temps. Et sur un ton plus grave :

« Et puis, Chaban, réfléchissez. C'était une belle sortie ! »

Chaban se récrie. Le Général désigne d'un geste la porte qui donne sur l'arrière de son bureau et, gouailleur :

« Allons ! Ça vaut tout de même mieux que de mourir d'une attaque aux cabinets ! »

*

Jacques Soustelle :

« Mon Général, votre politique risque de n'aboutir à rien et de ne pas conduire à la paix ! Voilà ce que je redoute...

– Et moi, Soustelle, je redoute que vous ne fassiez plus partie du gouvernement ! On ne fait pas de la politique avec des appréhensions ! »

*

Depuis son retour aux affaires, le 1er juin 1958, de Gaulle voyage beaucoup. À Sacha Distel, rencontré par hasard :

« Vous, je vous connais. Nous avons fait les mêmes villes. »

*

« Vous verrez, le flot nous emportera tous. Même le pape... Oui, le pape... D'ailleurs, de nos jours, le Très Saint Père n'est plus pour les chrétiens qu'un brave homme. Gardien de la foi comme d'autres sont gardes-barrières... »

*

Après un attentat qui faillit lui coûter la vie, le Général ne dit mot pendant le reste du parcours. En mettant pied à terre, il jette un coup d'œil sur la carrosserie criblée d'éclats :

« Au fond ! Ceux qui veulent me tuer... sont aussi cons que ceux qui me protègent. »

*

9 octobre 1961. Au poste franco-suisse de Châble, le Président serre les mains des douaniers.

« Messieurs, je n'ai rien à déclarer... Une fois n'est pas coutume. »

*

À Dominique Pado de l'Aurore *(lors d'une conférence de presse) :*

« Je vous remercie, je vais très bien. Mais rassurez-vous, je ne manquerai pas de mourir ! »

*

À René Brouillet, son directeur de Cabinet, lorsqu'il est question d'aller accueillir et amener solennellement dans Paris un chef d'État étranger :

« Alors, comment voyez-vous les choses ?

– *Eh bien, mon Général, on va vous donner la garde à cheval...*

– La garde à cheval ? Au XXe siècle ! Mais qu'est-ce que vous voulez que je fasse derrière la garde à cheval ? Je ne me nourris pas de crottin ! »

*

24 septembre 1959. À Calais, Jacques Vendroux, député maire, accueille le chef de l'État et Mme de Gaulle, très émue de revoir sa ville natale dans ces circonstances. Parmi ceux, nombreux, venus les saluer, figurent les « anciens » du 3e régiment d'infanterie auquel Charles de Gaulle a appartenu, de 1914 à 1916. L'un d'eux, en particulier, visage parcheminé, regard absent, chevelure de neige, assis sur une chaise, le menton sur sa canne, paraît indifférent à toute cette agitation. Le Général salue les anciens de son régiment, puis reconnaît son vieux compagnon d'armes, assis sur une chaise :

« Tiens ! Mais c'est Jules Quagebeur ! Je ne me trompe pas ?... 4e compagnie, 3e section... Comment vas-tu, vieux camarade ? »

Le petit vieux se redresse un peu, lève les yeux vers la haute silhouette :

« Ah ! par exemple ! De Gaulle ! Quelle bonne surprise !... Alors, qu'est-ce que tu deviens ? »

*

Novembre 1944. Déclaration à la délégation SFIO.

« La France est socialisante dans sa grande majorité, elle n'est pas communiste... La France est à gauche. Elle est sociale et socialiste. Elle est foncièrement démocratique, elle est peut-être plus démocratique que parlementaire... »

« Les Alliés, ils nous trahissent, ils trahissent l'Europe, les salauds... Mais ils me le paieront... Ils ont du reste commencé à payer, surtout les Anglais... Des Américains qui prennent Bruxelles ! C'est du propre... Ils auraient bien pris Paris, si je n'avais pas été là... »

« Kennedy, pour ses pourparlers avec l'U.R.S.S., se sert d'un procédé bien curieux : il ressemble à Christophe Colomb qui s'embarqua sans savoir où il allait, aborda sans savoir où il était, et revint sans savoir ce qu'il s'était passé. »

*

À la sortie d'une réunion chaleureuse, une dame se précipite vers le Général :

« Ah, mon Général, si vous saviez combien je vous aime.

– Eh bien, madame, je vous remercie, gardez ce secret pour vous. »

*

À Londres, de Gaulle avait loué une chambre et un salon au dernier étage de l'hôtel Connaught. François Coulet, nouvel aide de camp, avait pour mission de régler la note chaque semaine :

« Et surtout, n'oubliez pas ! Il me déplairait fort d'être obligé de passer à quatre pattes devant la réception... »

*

Un diplomate est convié à déjeuner à l'Élysée, et, pour briller, cite quatrains et sonnets. De Gaulle, déclamant, très Comédie-Française au temps de Talma, lui demande alors d'identifier les vers :

« Quand je devrai mourir, je voudrais que ce soit
Sur un champ de bataille, alors qu'on porte en soi
L'âme encore tout enveloppée
Du tumulte enivrant qui souffle le combat,
Et du mâle frisson que donne à qui se bat
Le choc rude et clair de l'épée
Je voudrais que ce soit le soir ; le jour mourant
Dit à celui qui part un adieu moins pesant
Et lui fait un linceul de voiles.
Le soir ! avec la nuit, la paix viendrait des cieux
Et j'aurais, en mourant, dans le cœur et les yeux
Le calme apaisant des étoiles... »

Le diplomate qui vient d'écouter, très concentré :

« Ce sont en effet des vers qui furent célèbres au début de ce siècle, et ils chantent dans ma mémoire comme dans la vôtre. »

De Gaulle (aux anges) :

« Farceur !... c'est d'un grand poète de dix-huit ans qui s'appelait Charles de Lugale, et qui n'est autre que votre serviteur !... »

*

10 mai 1962. Dans un petit village du Jura.

« Alors, monsieur le Maire, pour l'eau, ça va ? »

– *Oui, mon Général. Ce qu'on aimerait, maintenant, c'est avoir le téléphone.*

– Ah, vous en êtes déjà là !... Je prends bonne note... Je vous téléphonerai... »

*

De Gaulle aimait les chats. Malraux parlant avec le Général s'interrompit pour lui montrer le chat qui, assis à deux pas d'eux, semblait suivre la conversation avec une attention soutenue :

« Regardez, mon Général, ses oreilles qui bougent... Le chat nous écoute... »

De Gaulle tourna la tête vers son petit compagnon et sourit :

« Pensez-vous ! Je le connais... Il fait mine. »

*

Le 9 septembre 1967. Écrit sur le livre d'or d'Auschwitz :

« À Auschwitz, quelle tristesse, quel dégoût et malgré tout, quelle espérance humaine... »

*

« Êtes-vous au moins heureux, mon Général ? » lui demande Emmanuel d'Astier.

« Allons, d'Astier ! Ne posez pas de questions stupides ! Vous savez bien... que le bonheur, ça n'existe pas. »

*

Un de ses collaborateurs lui ayant déclaré sa surprise qu'il eût admis, dans son Conseil, un ministre dont l'indignité était publique, de Gaulle lui répondit, en riant :

« Hé, monsieur, Dieu le Père ne fit-il point l'homme avec de la boue ? »

*

Après un arrêt de justice condamnant M. Tixier-Vignancour pour « outrage au président de la République » à 6 000 F, 2 000 F pour outrage aux magistrats, et 1 000 F pour outrage au Premier ministre :

« Si je vaux 6 000 francs, M. Debré ne vaut pas même 6 sols. »

*

Le cardinal Feltin, à la fois archevêque de Paris et vicaire général aux Armées, ayant critiqué quelque point de la politique algérienne du Général :

« Que me veut ce cardinal ? Ne payé-je point sa solde ? »

*

« Je m'ennuie à l'Élysée, je ne me sens bien que dans la tragédie. »

*

Edmond Michelet, garde des Sceaux, déclare au Général :

« J'approuve, mais je renonce à comprendre.

– Eh bien, renoncez, Michelet, nous gagnerons du temps. »

*

8 septembre 1961. Après l'attentat du Pont-sur-Seine :

« Les sbires de Salan devraient bien embaumer leurs bombes de plus odoriférants parfums... »

*

Au cours d'un voyage en province, à Salles-Curan, le maire lui conte qu'en 1214, le petit seigneur du lieu avait sauvé la vie de Philippe Auguste... et celui-ci lui avait promis de venir le voir sur ses terres. Mais Philippe Auguste était mort sans avoir accompli sa promesse.

« Eh bien, me voici. Je viens tenir la promesse de mon prédécesseur. »

*

Pierre Lefranc essaie de réconcilier « gaullistes de gauche » et les autres. Lefranc fait part au Général de son désarroi :

« Ces gens sont si divisés que je ne vois pas ce qui pourrait les rassembler.

– Si *(la colère du Général éclate)*, ma personne en 1940. »

*

À chaque référendum, un électeur dit non à Colombey. À celui du 8 avril 1962, deux électeurs ont voté contre.

« J'ai été jusqu'à ce 8 avril le seul ici à me refuser mon suffrage. Aujourd'hui j'ai pu décider Mme de Gaulle à voter comme moi ! Voilà la raison de ce "non" redoublé ! »

*

Le Général vient de recevoir le dernier disque d'Henri Tisot, qui a la réputation d'imiter parfaitement la voix de De Gaulle.

« Tisot baisse. Je vais me retrouver tout seul, comme à l'ordinaire. »

*

Le lieutenant-colonel de Bonneval est resté dix-neuf ans au service du Général comme aide de camp. Le Général ne pouvait plus s'en passer, et, un jour que Bonneval s'était absenté quelques heures de l'Élysée :

« Ah celui-là, ce n'est pas parce qu'il a fait huit enfants qu'il faut qu'il se croie obligé d'aller les voir tous les jours. »

*

En Conseil des ministres, le Général dit à Alain Peyrefitte, ministre de l'Information, que son parti était pris et qu'il ferait part de ses décisions lors d'une allocution télévisée, le 4 novembre à huit heures. Alain

Peyrefitte lui fait observer que le 4 novembre est le jour de la Saint-Charles.

« Est-ce ma faute si la Saint-Charles est fixée au 4 novembre ? »

*

Au Conseil des ministres, en 1945, René Pleven s'apitoie sur les malheurs d'un banquier alsacien, victime de mesures de spoliation, et suggère qu'on lui donne quelque décoration pour panser ses plaies. Goguenard, le Général s'interroge :

« Monsieur le ministre des Finances suggère-t-il que nous donnions le ruban rouge à tous les maquereaux de France quand, bientôt, nous fermerons les bordels ? ... »

*

Yvonne de Gaulle regarde, à la télévision, son cher grand homme prononcer des phrases immortelles, celles-ci étant pré-enregistrées. Le Général est près d'elle. Il grommelle :

« De grâce, Yvonne, cessez de me contempler comme si j'étais le Messie !

– *Mais, Charles, c'est que vous êtes vraiment bon, très bon, très très bon...*

– Ah ! l'extase, l'extase, toujours l'extase !... »

*

Le Général déteste que l'on tue les animaux. Il n'est pas chasseur mais se plie, sans y participer, au rite des chasses présidentielles de Rambouillet ou de Marly. Un jour, au terme d'un de ces massacres, on présente le tra-

ditionnel « tableau de chasse », des dizaines de faisans abattus. Un sénateur, courtisan, soupire :

« Quel dommage, tout de même, mon Général... De si beaux oiseaux !...

– Bah ! mon cher : ils ont servi !... »

*

Un maître d'hôtel, nouveau venu à l'Élysée, un jour d'avril 1959 où la reine mère d'Angleterre est reçue à déjeuner, et où il est paralysé par l'émotion, annonce, non pas : « Monsieur le président de la République est servi ! » mais : « Monsieur le président de la République est... élu ! » Commentaire du Général, le lendemain.

« Bah ! Ça vaut mieux que s'il avait renversé la sauce dans le cou de la reine Mary ! Imaginez l'incident diplomatique s'il avait clamé : "*Sa Majesté est élue !*" »

*

« Sexe, le sexe, ils n'ont plus que ça à la bouche... Quand ils prononcent ce mot-là, sexe, sexe, sexe, n'entendent-ils pas crisser les ciseaux sur leur peau ? ... »

*

Été 1958. De Gaulle vient de revenir au pouvoir, et bénéficie d'un formidable « état de grâce ».

« Oui, les commencements sont toujours délicieux... Je crois me rappeler que Victor Hugo a écrit quelque chose de très piquant, à ce sujet, s'agissant du supplice du pal [10]. »

*

10. Il s'agit d'un clin d'œil aux vers que Victor Hugo nota un jour dans ses carnets *Choses vues* : *Le supplice du pal,/Qui commence si bien/Et qui finit si mal...*

15 juin 1963. Visite officielle du Général en Poitou. Le cortège s'arrête brièvement à Loudun. Celle que les journalistes appellent « la bonne dame de Loudun », accusée de treize empoisonnements, est dans la foule. Le Général serre les mains... et, entre autres, celle de la « Brinvilliers loudunaise », qui se présente :

« Je suis Marie Besnard...

– Eh bien ! madame, continuez !... »

*

Mars 1953. Le DC 4 survole la forêt tropicale, et le pilote descend presque à ras des branches pour que les voyageurs puissent voir de plus près un superbe troupeau d'éléphants sauvages. Le Général est plongé dans la lecture du Lord Jim *de Joseph Conrad. Son épouse lui touche le bras :*

« Regardez, Charles... »

Charles lève un instant les yeux pour lorgner les pachydermes, et replonge aussitôt dans son bouquin en disant :

« Laissez, Yvonne, laissez... »

*

Au début de son séjour en Irlande, du 10 au 23 mai 1969, l'ancien président de la République réside pendant deux semaines dans un petit hôtel, juché sur une falaise et qui s'appelle Heron's Cove Hotel. Cove *signifie « la crique » mais aussi « le refuge » :*

« Le refuge du héron !... Cela s'imposait, pour un vieil échassier tout déplumé comme moi !... Décidément, ils ne m'auront rien épargné !... »

*

Les épouses des dignitaires, conviées aux repas ou réceptions de l'Élysée, font assaut d'élégance.

« Vous portez ce soir, madame, une bien jolie robe !

– *Oh ! On me l'a déjà souvent vue ici, Général, ce n'est pas la première fois que je la mets...*

– Eh bien ! tant mieux, madame : comme ça on saura qu'elle est à vous !... »

*

Au cours de l'été 1970, la célèbre romancière Han Suyin, très liée à Chou En-Lai, aimerait que le Général se rende en Chine.

« Alors, votre Mao souhaite que je lui fasse visite ?... Il me fait bien de l'honneur !... Mais il ne sait pas à quoi il s'expose, le malheureux !... Supposez qu'à Pékin, de Gaulle soit saisi d'amok – ça lui arrive de plus en plus souvent, à ce qu'il paraît – et que, du haut du balcon, sur la place Tian'anmen, ce paranoïaque sénile s'écrie soudain : "Vive la Chine libre !..." Vous voyez le tableau !... »

*

« J'aime *Les Trois Mousquetaires*... Mais leur succès vient de ce que la guerre avec l'Angleterre n'y doit rien à la politique de Richelieu, et doit tout aux ferrets d'Anne d'Autriche, récupérés par d'Artagnan... Les gens veulent que leur histoire leur ressemble ou, au moins, qu'elle ressemble à leurs rêves. »

*

1925. De Gaulle, commandant, assure le commandement du 19e bataillon d'une unité d'élite, stationnée à Trèves. Il n'apprécie guère ses camarades officiers. À l'un d'eux, il confie :

« Dans cette garnison, il n'y a que des imbéciles, sauf vous et moi... »

*

1958. Au soir du vote sur la nouvelle Constitution, Georges Pompidou, alors directeur de Cabinet, téléphone au Général, resté à Colombey-les-Deux-Églises. Il lui apprend que dans sa ville tous les électeurs ont voté « oui », sauf un. Réponse immédiate :

« Ce n'est pas moi ! »

*

1958. La France est en plein trouble. Un membre du Cabinet de De Gaulle vient le tenir au courant des derniers développements. « La sous-préfecture de Morlaix a été prise cette nuit, mon Général ! »

– Et par qui donc ?

– *Par les paysans, mon Général.*

– Alors ce n'est pas moi que ça regarde. Voyez le ministre de l'Agriculture.

*

À un jeune capitaine.

« Dites-moi, capitaine, vous vous y connaissez en bonnes femmes ?

– *Non, mon Général.*

– Et en escrocs ?

– *Non, mon Général.*

– Êtes-vous au moins à l'aise dans les coups tordus ?

– *Non, mon Général.*

– Parfait, Passy ! Je vous confie mes services de renseignements. »

*

Février 1968. Aux jeux Olympiques d'hiver de Grenoble, triple victoire de Jean-Claude Killy et performance de Marielle Goitschel. Jugement du Président, confié au ministre des Sports qui sollicite des félicitations :

« Je pense qu'il faudra faire mieux la prochaine fois. »

*

1953. Opéré depuis peu de la cataracte, le Général se voit obligé de porter des verres correcteurs. Toutefois, à l'occasion de bains de foules, la coquetterie reprend le dessus et il lui arrive un jour de déchausser ses lunettes pour serrer les mains. La bévue était inévitable.

– « Bonjour, monsieur le curé ! »

– *Mon Général, je suis un des gorilles.*

– Alors bonjour, monsieur le gorille.

*

Au cours d'une réception à l'Élysée, le Général avise Gaston Palewski qui vient de revenir de son ambassade à Rome. L'ambassadeur est assis dans un divan en compagnie de trois jolies femmes. De Gaulle s'approche :

« Alors Palewski, on se croit toujours en gondole ? »

*

1954. D'un proche qui se serait permis de dire : « De Gaulle a ceci de commun avec Dieu que chacun a tout loisir d'interpréter ses silences. »

« Au moins, il saura ce que je pense de lui. »

*

Mai 59. En visite à Blois, parlant à des officiels.

« Messieurs, si vous avez des questions à me poser, ne vous gênez pas. »

Un maire se risque à questionner le Président sur la viticulture et la sécurité sociale.

« Vous avez raison, monsieur le Maire, de me rappeler ces problèmes. Ce sont des problèmes que je connais bien. *(Un temps)* Et maintenant que j'ai répondu à toutes vos questions... »

*

Juillet 1962. Une boutade adressée à sa femme, au moment des derniers soubresauts de la guerre d'Algérie.

« Je vous le dis Yvonne, tout ça se terminera mal. Nous finirons en prison. Je n'aurai même pas la consolation de vous retrouver, puisque vous serez à la Petite Roquette et moi à la Santé. »

*

Août 1944, dans Paris libéré. Le capitaine Maurice Schumann évoque en présence du Général l'impression laissée dans l'esprit de certains par la présence des Anglais et des Américains dans de nombreuses colonies françaises : « Quand je pense, mon Général, que certains Français s'imaginent encore que vous avez payé la France du prix de son empire ! » De Gaulle ricane :

– Dites-vous bien qu'ils ne s'en iront que lorsque nous les foutrons dehors.

*

Mai 1959. Fulbert Youlou, Premier ministre du Congo et, par ailleurs, ecclésiastique, rencontre le général de Gaulle.

« Je viens de m'aviser, mon Général, que je ne vous ai jamais entendu en confession. »

– Moi non plus, monsieur l'abbé.

EN GUISE D'ÉPILOGUE

« Les grands hommes de guerre ont toujours eu, d'ailleurs, conscience du rôle et de la valeur de l'instinct. Ce qu'Alexandre appelle "son espérance", César "sa fortune", Napoléon "son étoile", n'est-ce pas simplement la certitude qu'un don particulier les met en rapport assez étroit avec les réalités, pour les dominer toujours ? »

*

Août 1916.

« Il faut être un homme de caractère.

« Il faut parler peu, il le faut absolument. L'avantage d'être un causeur brillant ne vaut pas au centième celui d'être replié sur soi-même, même au point de vue de l'influence générale. »

« Dans le tumulte des hommes et des événements, la solitude était ma tentation. Maintenant, elle est mon amie. De quelle autre se contenter lorsqu'on a rencontré l'Histoire ? »

TABLE

DANS LA MÊME COLLECTION

Pensées, textes et anecdotes
d'Alphonse Allais

Les Pensées de José Artur

Les Pensées d'Yvan Audouard

Pointes, piques et répliques
de Guy Bedos

Les Pensées de Tristan Bernard

Pensées, répliques et anecdotes
de Francis Blanche

Les Pensées des Boulevardiers :
Alphonse Karr, Aurélien Scholl,
Georges Feydeau, Cami

Les Pensées de Philippe Bouvard

Les Pensées d'Alfred Capus

Les Pensées de Cavanna

Pensées et anecdotes de Coluche
illustrées par Cabu, Gébé, Gotlib, Reiser, Wolinski

Et vous trouvez ça drôle ?
de Coluche

Les Pensées de Courteline

Les Pensées de Pierre Dac

Arrière-Pensées,
de Pierre Dac

Pensées et anecdotes de Dalí

Les Pensées de San-Antonio
de Frédéric Dard

Les Pensées de Jean Dutourd

Pensées et répliques
de Jacques Dutronc

Les Pensées de Gustave Flaubert,
suivies du
Dictionnaire des idées reçues

Les Pensées d'Anatole France

Les Pensées d'André Frossard

Pensées, maximes et anecdotes
de Sacha Guitry

Pensées, répliques et anecdotes
des Marx Brothers

Portraits acides
et autres pensées édifiantes
de Philippe Meyer

Les Pensées de Pierre Perret

Les Pensées de Jules Renard

Les Pensées de Rivarol

Les Pensées de Bernard Shaw

Pense-bêtes de Topor
illustré par lui-même

Vracs,
de Tomi Ungerer

Les Pensées d'Oscar Wilde

Les Pensées de Wolinski
illustrées par lui-même

Mes aveux
de Wolinski

Pensées, répliques, textes
et anecdotes
de Jean Yanne